中华优秀
传统文化概论

主编 陈斌蓉 贾建红 舒锦蓉

中南大学出版社
www.csupress.com.cn
·长沙·

中华优秀传统文化概论

编委会

序 言

　　教育是国之大计、党之大计。职业教育作为一种教育类型，与普通教育具有同等重要的地位。在以国内大循环为主体、国内国际双循环相互促进的新发展格局下，实体经济的高质量发展，以及共同富裕背景下的"人人出彩"，均需要职业教育发挥越来越重要的作用。

　　不管对哪一种教育类型来说，素质教育都是重中之重。作为一名教育工作者，我始终认为，对于个人的成长来说，首先，基础十分重要。基础，包括通识基础、专业基础、技术技能基础等，这些都是发展的基础。没有基础，一切都是空中楼阁，"基础不牢，地动山摇"。其次，能力更加重要。在知识更新迅猛、技术日新月异的当今，大学生学习能力的培养远比知识技能教育重要。最后，人的素质最为重要。素质，小则关乎个人的成长成才、成功成人，大则关乎祖国的希望和民族的未来。

　　湖南铁道职业技术学院一直高度重视学生的素质教育，建校70年以来，为国家铁路事业和地方经济社会建设培养了一大批高素质技术技能人才。据不完全统计，我院毕业生成长为"高铁工匠""铁路工匠"，获"火车头奖章"及全国、全路技术能手称号者有125人。自2019年入选"中国特色高水平高职学校建设单位"以来，我院把学生的素质教育放在更加突出的位置。我们着力构建"厚基础、重复合、强素养"的育人体

系，重新修订专业人才培养方案，开展"主修专业+辅修专业"培养试点，组织实施《学生素质教育创新发展行动方案》。我们重构了公共基础课程体系，加强了模块化课程改革，增设了"铁道概论""人工智能""幸福人生""跨文化交互"等特色素质教育课程，实施了"湖南铁道大体美劳工程"，以培养具有家国情怀、宽广视野、阳光心态、火车头精神的湖南铁道特质学生，致力为轨道交通行业和地方培养基础扎实、德技并修的发展型、复合型、创新型、国际化高素质技术技能人才。

教材是课程教学的重要支撑，是实施教学改革的重要载体。国家的新要求、产业的变革及教育教学的改革引领教材的创新。这些年，学校组织公共课教师、专业课教师和企业兼职教师将时代主题融入教材，结合近年来公共课程改革与实践，借鉴和汲取职业教育新理念与学科领域最新研究成果，编写了《大学语文》《应用数学》《信息技术》《大学生入学教育》《新时代大学生劳动教育》《大学体育与健康教程》《大学生心理健康教程》《大学美育》《通用职业素养》《大学生安全教育》《中华优秀传统文化概论》等模块化公共课程系列教材，以期进一步推动课程革新，推进课堂革命，提升学生素养。

谨以此序拉开湖南铁道公共课程改革的序幕，让更多的精品课程和教材精彩呈现，让广大学子从中获益，成为国家和社会需要的、行业和企业欢迎的职场精英与人生赢家！

2021 年 9 月

方小斌，工学博士，研究员，湖南铁道职业技术学院党委书记。中国职业技术教育学会高等职业技术教育分会副会长，湖南省人民政府教育督导委员会第八届省督学。2011年9月入选湖南省新世纪"121人才工程"，2021年9月荣获湖南省第六届黄炎培职业教育奖"杰出校长奖"。

前　言

　　中华优秀传统文化源远流长，积淀着中华民族最深沉的精神追求，是中华民族独特的精神标识，是中华民族生生不息、发展壮大的丰厚滋养，更是中华民族在世界文化激荡中站稳脚跟、坚定文化自信的坚实根基和突出优势。党的十八大以来，以习近平同志为核心的党中央对传承中华优秀传统文化高度重视。党的二十大报告提纲挈领地指出："坚持和发展马克思主义，必须同中华优秀传统文化相结合。"这深刻阐明了在新的历史起点，唯有大力传承和弘扬中华优秀传统文化，深入挖掘和阐发中华优秀传统文化的时代价值，才能保持马克思主义的蓬勃生机和旺盛活力，增强实现中华民族伟大复兴的精神力量。

　　为全面贯彻落实党的二十大精神和习近平总书记关于传承中华优秀传统文化的重要论述，全力推动中华优秀传统文化进校园、进课堂、进教材，我们依据中共中央办公厅、国务院办公厅发布的《关于实施中华优秀传统文化传承发展工程的意见》的总体要求，围绕立德树人根本任务，积极探索构建与职业教育相适应的中华优秀传统文化课程教材体系。本书作为高等职业院校的文化素养通识课教材，以传承中华优秀传统文化、厚植中华文化底蕴、增强民族自豪感、坚定文化自信、提升道德修养和人文素养为宗旨，在内容选择上，秉持客

1

观、科学、礼敬的态度，围绕立德树人，坚持古为今用，强化经典意识，促进中华优秀传统文化创造性转化和创新性发展；在内容呈现上，遵循高等职业教育教学规律和学生的认知特点，力求贴近学生学习、生活、思想实际，注重实践与养成、形式与内容相结合，坚持学以致用，体现职业教育类型特色。

本书按照项目导向、模块构建的原则编写，主要包括"智慧的结晶——中华优秀传统文化""民族的基石——中华传统美德和中华人文精神""岁月的烙印——中国传统节日""大国的风范——中华传统礼仪""审美的倾向——中国传统服饰文化""多彩的生活——中国传统饮食文化"六个项目，每个项目设置了"文化通识""文以载道""经典诵读"三个模块。项目一、项目二概述了中华优秀传统文化的丰富内涵，重点阐释了中华优秀传统文化的核心思想理念、中华传统美德、中华人文精神等文化精髓。项目三至项目六全面系统地介绍了中国传统节日、中国传统礼仪、中国传统服饰、中国传统饮食等文化习俗。为培养学生阅读古代经典著作的兴趣，本书在"经典诵读"模块选编了十余篇四书五经、唐诗宋词中的名篇佳句，并采用中英双语编排形式，旨在让学生领略中华语言文字之美的同时，掌握英语的表达方式，以提升大学生跨文化交互学习的能力，进一步加强大学生对中华优秀传统文化的自信和认同。

本书在编写过程中，参阅、引用了大量专家学者的研究成果，在此表示由衷感谢。中华优秀传统文化博大精深，本书涉及的内容仅为沧海一粟，希望专家同行、读者朋友能对拙作给予更多的建议指导，以便我们改进提升，先谢为敬。

编　者
2023 年 7 月

目 录

项目二　民族的基石——中华传统美德和中华人文精神

项目三　岁月的烙印——中国传统节日

项目四　大国的风范——中华传统礼仪

项目五　审美的倾向——中国传统服饰文化

项目六 多彩的生活——中国传统饮食文化

项目一

智慧的结晶
——中华优秀传统文化

文化通识

一、中华优秀传统文化的丰富内涵

习近平总书记在党的二十大报告中指出："中华优秀传统文化源远流长、博大精深，是中华文明的智慧结晶。"在五千多年的历史长河中，博大精深的中华优秀传统文化为中华民族的赓续发展筑造了辉煌灿烂的精神家园，赋予了中华民族生生不息的生命力，是中华民族在世界文化激荡中站稳脚跟的根基。中华优秀传统文化是中华民族在改造自然、发展壮大的过程中所创造的物质财富和精神财富，凝聚着中华民族对人生、对社会、对自然的认识及感悟，既包括仁者爱人、立己达人的伦理关爱，也包括"先天下之忧而忧，后天下之乐而乐"的家国情怀；既包括以爱国主义为核心的民族精神，也包括仁爱孝悌、崇德尚善的道德准则。中华优秀传统文化以独具特色的语言文字、浩如烟海的文化典籍、精妙绝伦的科技工艺、精彩纷呈的文学艺术、充满智慧的哲学思想、完备深刻的道德伦理等多种形式载体，生动鲜活地体现着中华民族的精神气度与突出优势，不仅促进了中华文明的延续和发展，更

3

对人类文明和社会进步发挥了重要作用。

简而言之，中华优秀传统文化就是中华民族在长期的生产生活中形成的具有中国特色的优秀思想理念、传统美德和人文精神的集合。具体来说，中华优秀传统文化可以分为以下四个主要部分。

（一）物质文化

物质文化，是指为了满足人类生存和发展需要所创造的物质产品及其所体现的文化，它是文化的有形部分，包括所有经过人类改造的自然环境和由人创造出来的一切物品，如饮食、服饰、建筑、交通、乡村、城市、公园、生产工具等。在古代，中国的天文学、数学、农学、医学等诸多方面均已达到当时的世界一流水平，取得了辉煌成就。

1. 天文学

中国古代的天文学十分发达，并且取得了很高的成就。中国殷商时期就已经有了关于日食、月食的记录，并且出现了原始历法——阴阳历。春秋战国时期，古人在观测日月五星运行时，将黄道赤道附近的二十八个星宿作为坐标，建立了二十八星宿体系。二十八星宿体系的建立为观测提供了一个较为准确的量度标志。在中国历法中占有重要地位的二十四节气经过逐步发展，到汉代时已相当完备。汉武帝时，二十四节气被纳入太初历，作为指导农事的历法补充。随着天文学研究的深入，中国出现了系统的天文学理论。汉代主要有"论天三家"，即盖天说、浑天说和宣夜说。

汉代还出现了"三统历"，它是我国现存第一部完整的历法。宋元时期，中国古代天文学得到飞速发展，传统的天文仪器已领先世界，同时还涌现了许多著名的学者。郭守敬就是其中杰出的代表。他组织了大规模的测地工作，编制的恒星表中恒星数量多达 2500颗。郭守敬在前人基础上，运用先进的数学成果，在公元 1280 年完成了中国古代最精确的历法——授时历，以 365.2425 日为一年，这和当今通用的格里历数值是一样的。

2. 数学

中国古代涌现了大批数学著作和大量杰出的数学家。早在汉唐时期，中国就诞生了十大数学名著，即《周髀算经》《九章算术》《海岛算经》《五曹算经》《孙子算经》《夏侯阳算经》《张丘建算经》《五经算术》《缉古算经》《缀术》。其中，《周髀算经》是中国最早的天文学和数学著作，里面记载了周代的商高提出直角三角形的"勾三股四弦五"，即所谓的"勾股定理"，这是世界上关于勾股定理的最早记录。产生于公元前后的《九章算术》更是一部划时代的著作，标志着中国古代数学体系的形成。《九章算术》介绍了九类数学问题的解法，尤其是对生产生活中涉及的许多数学问题(如田亩测量等)都有解答，这些解答比欧洲早了 1500 多年。到了三国时期，刘徽在对《九章算术》进行注解的《九章算术注》一书中提出许多超出原著的新理论。比如，他第一次提出了"极限思想"，并创造性地运用割圆术计算出圆周率的精确值为 3.1416。继刘徽之后，南北朝时期的大数学家祖冲之第一个把圆周率精确计算到 3.1415926 和 3.1415927 之间，这比荷兰人安托尼兹求得此值的时间要早 1000

5

多年。中国在宋元时期的数学成就更是达到了新的高度，先后涌现了不少杰出的数学家以及影响较大的数学著作，如北宋贾宪的《黄帝九章算法细草》、南宋秦九韶的《数书九章》、金末元初李冶的《测圆海镜》、南宋杨辉的《杨辉算法》、元朝朱世杰的《四元玉鉴》等，其中有不少成果比欧洲人早了几百年。

3. 农学

中国自古以来就是农业大国，几千年来始终把农业放在社会政治经济生产的首位，因此对农学的研究非常重视。中国的农学研究着重解决农业生产中的实际问题，诸如土壤改良、合理施肥、良种选择、抗旱保墒等，并且形成了一整套农业生产的技术体系。中国古代的农学著作成果丰硕，已知的有370多种。现存最早的农学文献是战国末期秦相吕不韦及其门客所编的《吕氏春秋》中的《上农》《任地》《辩土》《审时》四篇。这几篇文章阐述了土地利用的原则，论述了农业生产的三要素——天、地、人之间的关系，并总结了"不违农时"的生产规律。北魏贾思勰所著的《齐民要术》是中国现存最早、最完备的农业百科全书。全书分10卷92篇，共11万多字，系统地总结了黄河流域的农业生产经验，阐述了因地制宜、因时制宜的农学思想，并且根据北方农业的生产特点，提出了一系列精耕细作的方法。中国古代的农具也是相当先进的，在牛耕推广之后，铁犁就迅速完善起来。唐代耕犁的结构和性能与现代耕犁相比已无多大差别。东汉时期就发明了先进的灌溉机械——龙骨水车，并且使用了近2000年。

4. 医学

中国的传统医学在世界医学史上独树一帜，是中国传统文化中珍贵的遗产之一，有数千年的历史。它在发病机制、诊断治疗方法、药物来源等方面都迥异于西方医学，有着一整套独特的、系统化的诊治经验和疗法体系。在漫长的历史长河中，中国出现了很多伟大的医药学著作和杰出的医药学家。中国古代医药学著作的数量居当时各门科技著作之首，仅现存的医学著作就有将近8000 部。最早的医学专著是成书于战国至秦汉时期的《黄帝内经》。它系统阐述了人体生理、病理和疾病的诊治，体现了人与自然、人体各部分之间密切相关的整体观念。它还运用阴阳五行学说研究人体的生理和病理，形成了一套完整的脏腑学说和经络学说，全面奠定了中医学理论的基础，至今仍具有重大的理论价值和实践价值。现在，中医独特的理论体系、整体观念、辨证的诊疗方法、天然的药物以及独创的针灸疗法和经络学说正越来越引起世人的瞩目和重视。

(二)精神文化

精神文化是文化层次理论结构(物质文化、精神文化、制度文化)要素之一，是文化系统中最基本、最具稳定性的核心部分。精神文化是一个民族思维方式、价值取向、伦理观念、宗教信仰、心理状态、理想人格、审美情趣等精神成果的总和，是民族精神观、价值观、道德观生成延续的主要途径和来源。在历史发展中，中华民族以先秦子学、两汉经学等为主要内容形成了独具特色的精

神文化，其中的思想精华经过代代相传成为中华优秀传统文化的
重要组成部分。

1. 先秦子学

先秦是诸子百家争鸣、学术发展繁荣的黄金时代。春秋时期，
王室衰微，诸侯争霸，各家代表人物以及诸多学人士子周游列国，
或著书立说，或聚徒讲学，或质疑辩难，为诸侯出谋划策，到战国
时代呈现一种诸子蜂起、学派林立的文化现象，形成了"百家争
鸣"的局面。由于社会地位、思考方式和学统承继上的差异，诸子
在学派风格上各具鲜明的个性特征。东汉班固在《汉书》中把先秦
以来的流传广泛的学派归纳为儒家、道家、法家、墨家、名家、阴
阳家、农家、纵横家、杂家和小说家十家。先秦时期诸子百家的各
种思想学术流派的成就，与同期古希腊文明竞相辉映，其中对后
世影响最大的当属以孔子为代表的儒家思想。自汉代以来，儒家
思想在绝大多数的历史时期成为中国的"官方思想"。儒家思想体
现了中华民族自古以来在建设家园的奋斗中开展的精神活动、进
行的理性思维、创造的文化成果，反映了中华民族的精神追求。
儒家思想既是中华民族宝贵的精神财富，也极大地推动了亚洲乃
至世界文化的发展，成为人类文明的重要组成部分。如今，在韩
国、日本和越南等国家，伦理和礼仪也深受儒家思想仁、义、礼等
观点的影响。

2. 两汉经学

经学产生于西汉，指研究儒家经典学说，训解、阐明其蕴含
的义理的学问。汉武帝即位后，为了适应大一统的政治局面和加

强中央集权统治,"罢黜百家,独尊儒术",将董仲舒改造过的儒家思想作为官方认可的统治思想,还专设五经博士,负责讲授儒家经典,从此儒学独尊。由于《乐》已无书,《诗》《书》《礼》《易》《春秋》五经超出了一般典籍的地位,成为崇高的法定经典,也成为士子必读的经典。汉朝是经学发展最为繁荣和昌盛的时期,儒生对经学的阐述促进了经学的发展,经学的思想也渗透到了普通民众之中。

3.魏晋玄学

玄学是汉末魏晋时期出现的一种崇尚老庄、研究幽深玄远问题的哲学体系。玄学以"三玄"(《老子》《庄子》《周易》)为主要研究对象,以探究世界本体为其基本内容。魏晋玄学思潮的演进可分为四个时期:以王弼、何晏为代表的正始时期;以嵇康、阮籍、向秀为代表的竹林时期;以裴頠、郭象为代表的元康时期;以道安、张湛为代表的东晋时期。玄学的核心内容涉及哲学的各个领域,其中包括本体论、知识论、语言哲学、伦理学、美学等,都是前人未触及或未能深入探讨的问题。

4.隋唐佛学

作为世界三大宗教之一的佛教对我国有着深远的影响。佛教起源于印度,于西汉末年传入中国,两晋南北朝广泛传播,隋唐时期得到了空前的发展。隋唐佛学思潮是我国汉传佛教史上引人注目的文化现象,佛学在其中国化过程中展现了顽强的生命力。我国佛教史上一些有影响的宗派,也大多在隋唐时期形成,例如,唯识宗、华严宗、禅宗等。在隋唐佛教诸宗派中,富于思辨特色且

对中国哲学发展影响很大的有唯识宗、华严宗、禅宗。

5. 宋明理学

宋明理学亦称道学，是一种既贯通宇宙自然(道教)和人生命运(佛教)，又继承孔孟正宗(根本)，并能治理国家(目的)的新儒学，是宋明时期占主导地位的儒家哲学思想体系。理学流派纷纭复杂，北宋中期有周敦颐的濂学、邵雍的象数学、张载的关学、"二程"(程颢和程颐)的洛学、司马光的朔学，以及胡安国、胡宏与张栻的湖湘学派；南宋时有朱熹的闽学、陆九渊兄弟的江西之学；明中期则有王守仁的阳明学等。尽管这些学派具有不同的理论体系和特点，但按其基本观点和影响来分，主要属于两大派别：一是以"二程"、朱熹为代表的程朱理学；二是以陆九渊、王守仁为代表的陆王心学。程朱理学在南宋以后成为长期居于统治地位的官方哲学，陆王心学在明中期以后得到广泛传播。理学强调通过道德自觉达到理想人格的建树，强化了注重气节和德操、注重社会责任与历史使命的中华民族精神。比如，张载的"横渠四句"："为天地立心，为生民立命，为往圣继绝学，为万世开太平"；又如，顾炎武在明清易代之际发出的"天下兴亡，匹夫有责"的慷慨呼号。它们无不浸润了理学的精神价值与道德理想。

6. 清代实学

清代实学产生于明清之交，是在对明末理学及王学末流所造成的种种积弊进行理性反思和深层批判的基础上形成的实体达用之学。清代前期，许多有识之士清醒地认识到，明末理学的空洞说教是导致明王朝覆灭的重要根源。清初实学力矫明末"束书不

观，游谈无根"的空疏学风，易主观玄想为客观考察，改空谈为实证，弃独断为质测，把学术研究领域扩大到自然和社会的众多领域，如天文、地理、九经、诸史、风俗、吏治、财赋、典章、制度等。其代表人物有顾炎武、黄宗羲、王夫之等。顾炎武主张"经世致用"，反对空谈性命，注意广求证据。黄宗羲深受王守仁心学影响，提倡以修儒为心学之本，以慎独为入德之要。王夫之则强调将理性思辨与经验见闻相结合，以求"学思兼致之实功"。

(三)制度文化

制度文化是人类营造社会关系、规范社会行为的制度成果，如政治制度、社会礼仪等。中国古代社会形成了以"家国同构"为特征、以血缘宗法关系为纽带的一系列制度，并发展成较为严密的制度系统，深刻地影响着中华民族的价值理念和社会的发展。

1. 宗法制度

宗法就是宗族立宗、分宗之法，它源于新石器时代家族、氏族、宗族逐渐发展起来的族内组织原则。宗法制度的核心内容是以血缘关系为基础，尊崇共同祖先，宗族内部区分尊卑长幼，并规定继承秩序以及不同地位的宗族成员各自不同的权利和义务。中国古代的统治者将宗法制度与国家政治制度相结合，应用到国家和社会结构的建构之中，为维护君主专制制度和王朝政权服务。宗法制度在周代的地位尤为突出，是当时"最主要、最根本"的典章制度。周朝实行大小宗法制度，周王室是大宗，同姓诸侯是小

宗，宗法制和分封制相配合，实现了宗统和君统的统一。周王既是宗主又是天子，集两权于一身，成为天下共主。由于宗法制度的长期存在以及受儒家思想的影响，中华民族的子孙后代具有安居乐业、崇敬祖先、尊重传统等心理倾向，形成了独特的中华民族性格。

2．职官制度

职官是古代文武百官的通称。职官制度是中国古代政治制度的重要组成部分。对于职官，中国历代建置不同。周朝为分封制职官制度，王室是中央政府，中央政府中除王以外，三公(太师、太傅、太保)职务最高；地方政府执政官称为卿，由王任命，世代承袭。秦汉及其以后的时期为中央集权职官制度，其特点是君主地位极大提高，权力高度集中。随着统治的地区越来越大，机构设置越来越复杂，职务分工也越来越细。中国古代职官制度经过几千年的发展，逐步形成一整套沿革清晰、体系完整的职官制度。

3．经济制度

经济制度的核心是促进生产的组织，以及生产的协调性与高效率，其中最关键的是分配机制。在传统的农业社会，"农本商末"为主要思想，其经济制度以土地制度最重要，赋役制度次之。中国历朝历代的土地制度，正如《诗经·小雅·北山》中说的："溥天之下，莫非王土。"赋役制度是中国历朝历代统治者为维护自己的统治，运用国家行政权力，向国有土地上的人民课征财物、调用劳动力的制度。大致而言，历代对赋役的征收，经历了从"役重

赋轻"到"赋役并重",再到"赋重役轻",最后归并到田赋之中的这样一个演变过程。

4. 法律制度

中国古代各种类型的法律制度的产生、发展、完善等都经历了漫长的历史过程。从最早的封建成文法《法经》到最后一部封建法典《大清律例》,封建法律系统延续了2000多年的时间,具有十分清晰的沿革关系和内在联系,尤富于民族特色,自成体系,独树一帜,并对日本、朝鲜、越南等周边国家法律制度的发展产生了重要的影响。比如,日本的《大宝律令》就是以唐律为蓝本制定的,越南的《刑书》三卷也是依循唐律。中国古代法律制度形成了独特的中华法系,与大陆法系(也称成文法系)、英美法系(也称普通法系)、伊斯兰法系、印度法系并称世界历史上曾存在过的五大法系。

(四)行为文化

行为文化主要是指古代人们在日常生活中形成的行为方式或行为模式等,如服饰文化、饮食文化、民居文化、岁时节令、风俗民情等,集中反映了人们的日常心理和社会意识,因而也是中华优秀传统文化的重要组成部分。

二、中华优秀传统文化的核心思想理念

"仁爱、民本、诚信、正义、和合、大同"是中华优秀传统文化的核心思想理念。习近平总书记在论述中华优秀传统文化、中华文明时多次强调，要"深入挖掘和阐发中华优秀传统文化讲仁爱、重民本、守诚信、崇正义、尚和合、求大同的时代价值"。

(一)讲仁爱

"仁爱"是儒家思想的核心概念之一。据统计，仅《论语》中"仁"字就出现了 109 次之多。孔子用"仁"的概念来概括一切美好的品德。而"爱"则是实施"仁"的基本方法。"爱人，仁之施。"朱熹在《四书章句集注》中也对"仁爱"做了明确解释。因而，讲仁爱就是倡导对人的关心、爱护，努力去帮助、成就别人。

(二)重民本

"民本"即以民为本，就是以民众的利益为根本。中国历代的思想家和统治者都深刻认识到了民心向背决定国家兴亡的道理。早在《尚书·五子之歌》中就记载了夏禹的"民惟邦本，本固邦宁"的民本思想。重民本就是要重视民众的力量和诉求，关心民众的物质利益，尊重民众的生存权利。

（三）守诚信

"诚，信也。"（《说文解字》）"诚"和"信"历来被中华民族视为重要的道德规范。诚与信相互贯通，诚是信的前提和根本，是个人内在的修养和自觉，体现了道德的自律；信是诚的表现和保证，是在与人交往中表现出的诚心。守诚信就是要忠诚老实、言行一致、实事求是，就是要遵守信用、履行诺言。守诚信既是为人处世必须遵循的道德规范，又是治国理政必须践行的价值准则。

（四）崇正义

"义者，正也。"（《墨子·天志下》）"正义"是中国古代一个重要的价值理念。"正利而为谓之事，正义而为谓之行。"（《荀子·正名》）荀子认为，为功利去做叫事业，为道义去做叫德行。正义是行为的道德标准，主要强调人的行为的正当性。崇正义，即追求正义，这是中华民族历来都非常推崇的价值追求。宋代的包拯"包青天"、明代的海瑞"海青天"在人们心中具有崇高的地位，就是因为他们都能够主持正义、刚正不阿。

（五）尚和合

"和合"指万事万物井然有序、相互协调、共生共荣，是中国古代重要的思想理念。中华民族在漫长的历史发展过程中形成了内容丰富、内涵独特的和合文化，如"天人合一""心物一体""体用一如"等。这些均体现了中华民族对于和谐状态的憧憬和追求。尚和合表现在三个方面：在人与自身的关系上，主张通过格物、致

知、诚意、正心、修身等途径协调好人的内心世界、规范好人的外在行为；在人与自然的关系上，追求天人合一；在人与人、国与国的关系上，倡导以和为贵的价值理念。

（六）求大同

"大同"是儒家理想中的天下一家、人人平等、友爱互助的太平盛世。"大同"社会是一个以民为本、天下为公的社会，不仅经济繁荣，百姓富足，而且社会风气淳朴，人们道德高尚，在这个社会中人们的利益得到了广泛而可靠的保障。以习近平同志为核心的党中央十分重视"大同"思想，党的二十大报告指出，"中国共产党是为中国人民谋幸福、为中华民族谋复兴的党，也是为人类谋进步、为世界谋大同的党"。求大同不仅是实现中华民族伟大复兴的重要精神引领，也是推动构建人类命运共同体的重要思想智慧。

文以
载道

经典选读

孟子·尽心下（节选）

孟子曰："民为贵，社稷次之①，君为轻。是故得乎丘民而为天子②，得乎天子为诸侯，得乎诸侯为大夫。诸侯危社稷，则变置。牺牲既成，粢盛既洁③，祭祀以时，然而旱干水溢，则变置社稷。"

【注释】

①社稷：土神和谷神。代称国家。

②丘民：众民。丘，众。

③牺牲：供祭祀用的牲畜。粢盛：盛在祭器中供祭祀用的谷物等。

【译文】

孟子说："老百姓最重要，国家次之，君主为轻。因此得到老百姓的拥护就可以做天子，得到天子的赏识就可以做诸侯；得到诸侯的赏识就可以做大夫。如果诸侯危害国家，那么就改立诸侯。用作祭祀的牲畜已经长成，用作祭祀的谷物已经洁净，祭祀也按时进行，然而依旧发生旱灾水灾，那么就要改立国家。"

【评析】

本节选自《孟子·尽心下》，着重阐述了孟子的民本思想。民本思想是孟子仁政学说的理论基础和基本内容，也是中华优秀传统文化的核心思想理念之一。孟子认为，没有老百姓的拥护和认可，就谈不上什么天子、什么诸侯、什么大夫。本节通过层层推导，论证了"民贵君轻"的观点。孟子的这种思想，打破了君权神授的思想，具有历史进步意义。

大学(节选)

大学之道，在明明德①，在亲民，在止于至善②。知止而后有定，定而后能静，静而后能安，安而后能虑③，虑而后能得。物有本末，事有终始，知所先后，则近道矣。

古之欲明明德于天下者，先治其国。欲治其国者，先齐其家。欲齐其家者，先修其身④。欲修其身者，先正其心。欲正其心者，先诚其意。欲诚其意者，先致其知。致知在格物。

物格而后知至，知至而后意诚，意诚而后心正，心正而后身修，身修而后家齐，家齐而后国治，国治而后天下平。

自天子以至于庶人，壹是皆以修身为本。其本乱而末治者否矣，其所厚者薄⑤，而其所薄者厚，未之有也！

【注释】

①明明德：彰明自己光明的德行。前一"明"字作动词，彰明。明德，指人所光明的德行。
②止于至善：达到至善的目标。
③虑：思虑。
④修其身：修养自身的品性。
⑤厚者薄：该重视的不重视。

【译文】

大学的宗旨在于彰明人光明的德行，帮助人们改过图新，达

到至善。知道应该达到的目标，才能有坚定的方向；有坚定的方向，心态才能宁静；心态宁静了，才能随处而安；随处而安，才能周密地思虑；周密地思虑了，才能得到希望达到的结果。万物都有根本、有枝节，万事都有终结、有开始，知道在这中间把握先后次序，就接近于正确的道路了。

古代想在天下彰明光明的德行的人，先要治理好他的国家；要治理好国家，先要管理好自己的家；要管理好家，先要完善自身；要完善自身，先要端正自己的心；要端正自己的心，先要做到意念真诚，没有杂念；要意念真诚，先要得到知识；得到知识的途径在于探究事物内含的道理。

事物推究清楚了，才能得到知识；有了知识，然后能做到心意真诚；心意真诚了，然后心就能端正；心端正了，然后能做到修养自身；修养自身了，然后家能够得到管理；家管理好了，然后国家能够得到治理；国家治理好了，然后天下能够太平。

从天子到普通百姓，一概都要以修身为根本。根本乱了，而想治理好枝节，是不可能的。应该重视的却轻视，应该轻视的却重视，(要想得到成功)是从未有过的。

【评析】

《大学》被我国先哲们认为是孔门遗书，初学入德之门。与其说这是一篇理论深刻的文章，不如说是教人如何实践的文章。中华优秀传统文化有个很重要的特征就是道德本体。所谓道德本体，就是说，天道与人道相通，道德的基础就是明天道。换言之，人如果不能体悟天道是树立不起道德的根基的。而道德是实践的，其

标准是生命本真的良知。这些在西方人和现代人听起来很不可思议，但实际上是很实在的学问。因为道德实践在很大程度上取决于心，而不是取决于大脑的认识。比如，看到一位老人在路边摔倒，你扶不扶呢？从良知出发，肯定毫不犹豫去扶；如果从理性认识权衡，就可能犹豫不决，从而耽搁了救治。所以中国人讲良知是实在的，研读《大学》会有很深的体会。历代哲人、思想家都对《大学》进行解读，其中朱熹的《四书章句集注》对《大学》作了非常全面的阐释，成为历代科举考试的必读教材。明代思想家王艮"发明自得，不泥传注"，发扬了《大学》中的"正心、诚意、修身、齐家、治国、平天下"的思想，提出了"止至善者，安身也。安身者，立天下之大本也"的观点，创立了著名的"泰州学派"。

美德故事

实事求是

　　司马迁的祖辈世代都担任史官，他的父亲司马谈任汉朝的太史令。司马迁38岁时(其父亲去世后3年)在丞相的举荐下继任父职。司马迁42岁那年，汉武帝下令实行太初历，他开始着手写作《史记》。司马迁夜以继日地写作，几年以后，写出了《史记》的部分手稿。司马迁把它呈给汉武帝。汉武帝翻阅后，大发雷霆。因为司马迁在书稿中毫不避讳地记载了汉武帝的错误。曾经有妃子想让司马迁为她写赋，因遭拒绝而记恨司马迁，因此趁机向汉武帝进谗言："听说司马迁恃才自傲，自比圣人，根本不把陛下放在眼

里。"汉武帝立即召集文武大臣，向司马迁问罪。大臣们都沉默着不敢讲话，只有一名大臣因受妃子的指使极力怂恿汉武帝严惩司马迁。但老丞相仗义为司马迁求情，御史大夫也支持丞相，汉武帝便只好从轻发落，责令司马迁重新修改《史记》。

司马迁痛苦愤怒之下要辞官："不求苟活于世，但求无愧我心！"但是当来到父亲灵位前禀告时，他想起了向父亲承诺的誓言。于是，他决心忍辱发愤，对《史记》进行修改，将历史的事实分散写在诸多章节中。不久，汉军北伐匈奴胜利而归，汉武帝吩咐司马迁将此事记入史书。司马迁本来只为卫青立传，但是经过调查，发现李广威武无敌，战功显赫，却含恨而死，决定也为他立传。有人提醒司马迁："你这样做，只怕又会引来祸端。"司马迁一笑置之，坚持为李广立传。

司马迁正在写《李将军列传》时，一个朋友来看他，顺手拿起他刚写出的部分手稿看起来。朋友发现，司马迁对李广打仗退敌、脱险、射虎等细节，写得神采飞扬，但后面又写李广心胸不宽，公报私仇，于是就问司马迁："你后面这样写李广，不是有损他的形象吗？"司马迁说道："我写历史，真实是第一原则，不能因为个人好恶而隐匿真相。"

《李将军列传》写得文辞华美，汉武帝看后非常满意。但是又有妃子无事生非："李广如此勇猛善战、战功卓著却未能封侯，而且在战场上只让他起辅助作用，这不是批评朝廷用人不当吗？还有他自刎而死，这不是说朝廷迫害忠良吗？"以此指责史稿有蔑视朝廷之嫌。

时隔不久，李陵兵败被俘，向匈奴投降了。汉武帝盛怒之下，

下令诛杀其全家。有一武将冒死求情，汉武帝也将其斩首。于是，文武官员再也没有人敢为李陵说话。汉武帝命令司马迁将此事写入史书，以警后世。

司马迁四处寻访，得知李家世代忠良，一心为国，李陵投降匈奴也是为了救属下士兵的性命。司马迁又找到李陵的旧部，得到了第一手的资料。于是，他心里有了底，毅然决定要写出真相，决不让忠良之人蒙受不白之冤。

朋友又提醒司马迁，要他三思而后行，不然可能会招来杀身之祸。但司马迁却不改初衷。他说："先父在世，曾谆谆教诲我，史须采实，著史须以事实为准，我也深知此理。所以，我怎么能违背父训和良知，不让事实真相大白于天下呢？"

汉武帝看了司马迁的手稿之后，立刻下令将司马迁投入大牢，定为死罪。后来连同丞相在内的诸多大臣为司马迁求情，汉武帝才免去了他的死罪，但条件是要求司马迁用钱财或宫刑代替死罪。

可是，司马迁却一脸无奈：钱财——家徒四壁，没钱可用来抵罪；宫刑——士可杀不可辱，无法接受！别无他法，他只能等着被处死。

这天夜里，司马迁思前想后，久久不能入睡。天快亮时，他迷迷糊糊地睡着了，梦见父亲言之谆谆地对他说："忍辱方能负重！我辈著史，只为传真相于后世。你如此撒手自去，谁能担著史之重任？"司马迁惊醒了，陷入了沉思……司马迁最终只得接受了宫刑，忍辱负重，发愤写作，完成了不朽的史学巨著——《史记》。

"著史须以事实为准""不能因为个人好恶而隐匿真相"，这是司马迁坚持实事求是的原则的体现。为了践行这一原则，他忍辱

负重，承受了一般人难以忍受的耻辱和酷刑。一部《史记》，不仅记载了历史的真相，而且记载了司马迁的血泪心路，为我们为人、处世、做学问树立了一个楷模。

大公无私

　　春秋时期，晋国有一个品行高尚的大夫，名叫祁黄羊。

　　有一天，晋平公召见祁黄羊，问："现在南阳县缺个县令，你看派谁去比较合适呢？"祁黄羊毫不迟疑地回答说："派解狐去最合适。他一定能够胜任的！"

　　晋平公有些惊奇地问他："解狐不是你的仇人吗？你们见了面彼此连招呼都不打，你怎么会推荐他到这样重要地方当县令呢？"祁黄羊笑了笑，说道："您并没有问我的仇人是谁，而是问我什么人能胜任南阳县令。因此，我就把我认为最合适的解狐推荐给您。"

于是，晋平公就派解狐到南阳县，结果解狐充分发挥他的才干，受到了当地百姓的称赞和欢迎。

又过了一些日子，晋平公又问祁黄羊，说："现在朝廷里缺少一个司寇。你看，谁能胜任这个职位呢？"祁黄羊说："祁午能够胜任。"

晋平公又奇怪起来了，问道："祁午不是你的儿子吗？你怎么推荐他，不怕别人讲闲话吗？"祁黄羊说："您只问我谁可以胜任，所以我推荐了他。您并没问我祁午是不是我的儿子呀！于是，晋平公就派祁午当了司寇。祁午办事十分公正，处理案件果断公平，受到了百姓的爱戴。

祁黄羊的行为受到了许多人的赞扬，连孔子都称赞说："祁黄羊说得太好了！他推荐人，完全是拿才能做标准，不因为解狐是自己的仇人，心存偏见，便不推荐他；也不因为祁午是自己的儿子，怕人议论，便不推荐他。像祁黄羊这样的人，才称得上是大公无私呢！"

祁黄羊任人唯贤，不避仇人，不唯亲人，以国事为重。说明他对人才非常的了解，也只有品德高尚的人，才可以唯才是举，体现了祁黄羊大公无私的高贵品质。大公无私不仅仅是为官也是做人的美德，不能为了一己私利，就不顾王法和大义。

克己复礼为仁①

颜渊问仁。

子曰："克己复礼为仁。一日克己复礼，天下归仁焉。为仁由己，而由人乎哉?"

颜渊曰："请问其目。"

子曰："非礼勿视，非礼勿听，非礼勿言，非礼勿动。"

The Meaning of Humanity

Yan Yuan asked about humanity.

Confucius said,"Humanity means to restrain oneself and observe the rites. Once one does this, the whole world will be embraced in one's humane mind. To practise humanity depends on oneself—how can it depend on anyone else?"

---

① 出自《论语·颜渊》。

Yan Yuan said,"May I ask about the specific rules?"

Confucius said,"One should not look if it does not conform to the rites, one should not listen if it does not conform to the rites, one should not speak if it does not conform to the rites, and one should not act if it does not conform to the rites. "

己所不欲，勿施于人①

仲弓问仁。

子曰："出门如见大宾，使民如承大祭。己所不欲，勿施于人。在邦无怨，在家无怨。"

Imposing Nothing Undesirable on Others

Zhonggong asked about humanity.

Confucius said,"When you go out of your home, behave as if you were meeting important guests; when you are using the common people's labor, behave as if you were conducting a solemn sacrificial ceremony. Do not impose on others what you do not desire yourself. Bear no grudge against the state where you work; have no feeling of dissatisfaction when you stay at home. "

---

① 出自《论语·颜渊》。

己欲立而立人①

子贡曰："如有博施于民而能济众，何如？可谓仁乎？"

子曰："何事于仁？必也圣乎！尧舜其犹病诸！夫仁者，己欲立而立人，己欲达而达人。能近取譬，可谓仁之方也已。"

Helping Others to Be Established

Zigong asked,"What would you say about a person who gives extensive relief to the common people and help many men? Can he be called a humane person?"

Confucius answered,"He is more than a humane person—he must be a sage! Even Yao and Shun may not have done so much. A humane person is one who helps others to be established when he wishes to be established himself, and helps others to be successful when he wishes to be successful himself. To start from one's own desires can be said to be a way of practising humanity. "

---

① 出自《论语·雍也》。

民族的基石

——中华传统美德和中华人文精神

一、中华传统美德

中华优秀传统文化蕴含着丰富的道德理念和规范，如"天下兴亡，匹夫有责"的担当意识，精忠报国、振兴中华的爱国情怀，崇德向善、见贤思齐的社会风尚，孝悌忠信、礼义廉耻的荣辱观念，体现着评判是非曲直的价值标准、中国人的行为方式。传承中华优秀传统文化，就要大力弘扬自强不息、敬业乐群、扶危济困、见义勇为、孝老爱亲等中华传统美德。

(一) 自强不息

"自强不息"出自《易经》"天行健，君子以自强不息"。古人认为，自然万物运行刚健不已，君子应遵循规律、效仿自然，奋发进取，不断追求进步的理念。由此可见，中华民族自古以来就有这种强烈的自强不息精神。正是由于对自强不息精神的薪火相传，中华民族获得了自立自强、砥砺奋进的精神支柱与力量源泉，历经岁月更替与曲折磨难，依然如翠柏挺拔屹立。

(二)敬业乐群

"敬业乐群"一词最早出现在《礼记·学记》:"古之教者,家有塾,党有庠,术有序,国有学。比年入学,中年考校。一年视离经辨志;三年视敬业乐群;五年视博习亲师;七年视论学取友,谓之小成。"敬业乐群是古代学校"考校"学生的项目之一,是对学生在校学习表现的要求。敬业是专注于学业,乐群是与同学和睦相处。后人对敬业乐群有更宽泛的认识,不限于对在校学生的要求,而是对每一个人的基本要求。所以朱熹说:"敬业者,专心致志以事其业也;乐群者,乐于取益以辅其仁也。"(《朱子文集·仪礼经传通解》)因此,敬业乐群就是对事业专心致志、与他人和睦相处,这是对所有人为人处世的基本道德要求。

(三)扶危济困

扶危济困就是对处境危急、困难的人给以救济帮助。它反映了中华民族的高尚品格,也给社会带来了正义和温情。儒家、墨家思想中的"仁爱""兼爱"均体现了中华民族扶危济困的传统美德。《论语·乡党》记载,孔子的一个朋友去世了,但无人处理后事。孔子知道后说:"由我来料理他的后事吧。"这件事反映出了孔子对弱势群体的关怀。墨子在《墨子·尚贤下》中提出:"有力者疾以助人,有财者勉以分人,有道者劝以教人。"这种"兼爱"理想对扶危济困作了详细的阐述。

(四) 见义勇为

见义勇为是一种敢于担当道义、一往无前、无所畏惧的道德品质。儒家主张见义勇为，认为"见义不为，无勇也"(《论语·为政》)。在中华民族的光辉史册上，见义勇为的事迹一直璀璨夺目，历久弥新。朱晖挺身救妇女、敬张俭破家相容、查道倾囊救弱女的故事广为流传。在当代，见义勇为更是一种正义感、责任感和使命感的体现，是指在国家、社会和人民群众利益遭到侵害时，为了维护正义，不顾个人安危、英勇奋斗的行为。

(五) 孝老爱亲

孝老爱亲，即孝敬老人，爱护亲人。自古以来，中华民族就提倡孝老爱亲，强调"孝，德之本也"。儒家将"孝"奉为"至德要道"。《孝经》："子曰：爱亲者，不敢恶于人；敬亲者，不敢慢于人。爱敬尽于事亲，而德教加于百姓，刑于四海。盖天子之孝也。"孔子认为，爱自己父母的人，不会厌恶别人的父母；能够尊敬自己父母的人，不会怠慢别人的父母。能以爱敬之心尽力侍奉父母，就会以至高无上的道德教化人民，成为天下人效法的典范。这就是天子的孝道。由此可见，孝老爱亲在中华传统伦理道德中的地位非常重要。

二、中华人文精神

中华优秀传统文化积淀了珍贵的人文精神，如求同存异、和而不同的处世方法，文以载道、以文化人的教化思想，形神兼备、情景交融的美学追求，俭约自守、中和泰和的生活理念等，是中国人民思想观念、风俗习惯、生活方式、情感样式的集中表达，滋养了独特丰富的文学艺术、科学技术、人文学术，至今仍然具有深刻影响。传承中华优秀传统文化，就要大力弘扬有利于促进社会和谐、鼓励人们向上向善的思想文化。

(一)求同存异、和而不同的处世方法

"同"与"异"，"和"与"同"，是中国古代思想中两对重要的哲学范畴。中国古人都把求同视为最高理想，儒家求"大同"，墨家"尚同"，名家"合同异"。但中国古人又普遍认为绝对的完全的"同"是难以实现的，也是不存在的。所以孟子说："夫物之不齐，物之情也。或相倍蓰，或相什百，或相千万。"(《孟子·滕文公上》)完全的"同"是难以实现的，普遍的"异"是客观存在的，因此应该求同存异。春秋战国时期，诸子百家在经济、政治、文化、社会、人生等方面进行了长期深入的学术争鸣。战国时期的齐国甚至成立了稷下学宫，供四方各派学者进行学术研究和争鸣。正是诸子百家的求同存异，使中华民族出现了第一个文化高峰。

求同存异的目的是"和"，即和谐。孔子说："君子和而不同，

小人同而不和。"(《论语·子路》)，君子应该追求和谐，不追求同一。习近平总书记指出："和而不同是一切事物发生发展的规律。世界万物万事总是千差万别、异彩纷呈的，如果万物万事都清一色了，事物的发展、世界的进步也就停止了。"

求同存异、和而不同不仅是中国古人赞赏和追求的处世方法，也是体现人类共同智慧的思维方式。求同存异、和而不同已经成为现代社会发展的一项准则，为世界各国所普遍接受，符合人类共同利益的价值取向，适应当今世界和平与发展的需要。

(二) 文以载道、以文化人的教化思想

中国古代文以载道、以文化人的教化思想可谓源远流长。唐代的李汉在《昌黎先生集序》中提出："文者，贯道之器也。"他认为，文章是承载道的工具。宋代理学家周敦颐在《通书·文辞》中明确指出："文所以载道也。轮辕饰而人弗庸，徒饰也，况虚车乎？"他认为，"文"犹如车，"道"犹如物，车的作用是载物，而"文"的作用就是"载道"。

中国最早的诗歌总集《诗经》就是一部以诗文教化为核心的"载道"之作。《尚书·尧典》中说："诗言志，歌永言，声依永，律和声。"《诗经》所言之"志"，即"道"。诸子百家在说理论证时，多引述《诗经》中的句子以增强说服力。孔子认为《诗经》具有重要的教育价值，非常重视用《诗经》教育学生。孔子曾告诫儿子孔鲤，"不学《诗》，无以言"(《论语·季氏》)。《诗经》具有多方面的教育价值，很好地诠释了文以载道、以文化人的价值和功能。

（三）形神兼备、情景交融的美学追求

中华民族有着独特的美学追求，这是中华文明长期发展积淀形成的。冯友兰曾指出："富于暗示，而不是明晰得一览无遗，是一切中国艺术的理想，诗歌、绘画以及其他无不如此。拿诗来说，诗人想要传达的往往不是诗中直接说了的，而是诗中没有说的。照中国的传统，好诗'言有尽而意无穷'。"这种"言有尽而意无穷"的表现方式，是中国美学追求的显著特色。这种美学追求可以从形神兼备和情景交融两个方面来理解。

"形"与"神"，在中国古代常用来指称人的形体与精神。当"形""神"被用来揭示文艺作品的特征时，是指文艺作品外在的形象和内在的精神。优秀的文艺作品，必定是形神兼备的作品。《列子·汤问》记载了"高山流水"的美谈："伯牙善鼓琴，钟子期善听。伯牙鼓琴，志在登高山。钟子期曰：'善哉！峨峨兮若泰山！'志在流水，钟子期曰：'善哉！洋洋兮若江河！'伯牙所念，钟子期必得之。"从这段描述可以看出，俞伯牙的琴声是形神兼备的妙音，钟子期既听到了"峨峨兮若泰山""洋洋兮若江河"这样的"形"，更听到了俞伯牙"志在登高山""志在流水"这样的"神"。优秀的唐诗也是形神兼备的佳作。唐代诗人王维的山水诗，善于将"形"和"神"有机融合，创造出优美的诗境，常常能使读者置身图画当中，所以宋代文学家苏轼称赞他："味摩诘之诗，诗中有画；观摩诘之画，画中有诗。"（苏轼《书摩诘〈蓝田烟雨图〉》）"诗中有画"的"画"就是诗的"形"，"画中有诗"的"诗"就是画的"神"，"形""神"必须兼备才是好的诗、好的画。

情景交融是判断文艺作品优劣的重要标准。"昔诗人什篇，为情而造文。""盖《风》《雅》之兴，志思蓄愤，而吟咏情性，以讽其上，此为情而造文也。"（刘勰《文心雕龙·情采》）刘勰认为，情的表达必须借助于一定的形式，否则情只能是诗人自己的情。通常诗人借助景的描写来抒情，也就是借景抒情。《诗经》的一个重要表现手法就是兴，即诗人先言他物，然后引出所要表达的思想感情。例如，在《关雎》中，诗人首先描写"关关雎鸠，在河之洲""参差荇菜，左右流之"，然后表达"窈窕淑女，君子好逑""窈窕淑女，寤寐求之"的思想感情。在《蒹葭》中，诗人也先描写"蒹葭苍苍，白露为霜""蒹葭萋萋，白露未晞""蒹葭采采，白露未已"，进而表达出对"伊人"的爱慕。

（四）俭约自守、中和泰和的生活理念

俭约自守、中和泰和的生活理念是中国古人修身的重要内容。不少思想家总结历史和现实经验，提出了俭约自守的思想。"君子以俭德辟难，不可荣以禄。"（《周易·否卦》）"俭，德之共也；侈，恶之大也。"（《左传·庄公二十四年》）"俭节则昌，淫佚则亡。"（《墨子·辞过》）"一粥一饭，当思来处不易；半丝半缕，恒念物力维艰。"（《朱子家训》）这些至理名言深刻阐明俭约自守不仅是一种美德，更是实现发展的重要保障。

中和泰和也是古人修身追求的一种重要人生境界。关于中和，《中庸》有详细的论述："喜怒哀乐之未发，谓之中；发而皆中节，谓之和。中也者，天下之大本也；和也者，天下之达道也。致中和，天地位焉，万物育焉。"儒家认为，当人的喜怒哀乐没有生发

的时候，人的心灵是恬淡的，就是中；喜怒哀乐表露抒发出来，但都符合礼制法度，而不偏激乖戾，就是和。只要能做到中和，天地都会赋予他应有的位置，万物都会养育他。中和可以说就是一种内心恬淡宁静、行动符合法度的处世态度和方法。儒家倡导，人的情感表达不应过于激烈，而要控制在一定的范围之内。那么如何才能达到中和泰和的人生境界呢？孔子认为，内心经常处于一种惶恐状态的人，是无法达到中和泰和的人生境界的，只有内心无愧、不忧不惧的人才能达到中和泰和的人生境界。

文以载道

经典选读

中庸(节选)

　　天命①之谓性，率性之谓道②，修道之谓教③。道也者，不可须臾离也，可离非道也。是故君子戒慎乎其所不睹，恐惧乎其所不闻。莫见乎隐④，莫显乎微，故君子慎其独也。喜怒哀乐之未发，谓之中；发而皆中节⑤，谓之和。中也者，天下之大本也；和也者，天下之达道也。致中和，天地位焉，万物育焉⑥。

【注释】

①命：赋予。

②率：遵循。道：依循人性而行的道路。

③修：修饰，使之完善。

④见：同"现"。

⑤中节：符合规范。中，符合。

⑥天地位焉，万物育焉：天地各在其位，万物繁育生长。

【译文】

天所给予人的禀赋叫作性，遵循天性而行叫作道，修明这道叫作教。道是不可以片刻离开的，可以离开的就不是道。所以君子在人们看不到的地方警戒谨慎，在人们听不到的地方担心害怕。没有比在隐蔽的地方更能表现的了，没有比在细节上更能显现的了，所以君子谨慎对待自己独处的状态。喜怒哀乐的情感还没有表现出来的状态叫作中，表现出来而都能合乎规范叫作和。中是天下的根本，和是天下的通途。达到了中和，天地就各在其位，万物就繁育生长。

【评析】

宋代儒家学者认为，《中庸》是孔门传授的心法，是子思传述孔子之意而加以阐发的文本。文中论述了天道与人道，阐明了天、性、道、教的内涵及其相互关系。其中"中和"和"诚"的思想是儒家思想的核心。蔡元培先生说："《中庸》一篇，大抵本孔子实行道德之训，而以哲理疏解之，以求道德之起源。盖儒家言，至是而渐趋于研究学理之倾向矣。"

易传(节选)

《彖》^①曰：大哉，乾元^②！万物资始^③，乃统天^④。云行雨施，品物流形^⑤；大明终始^⑥，六位时成^⑦；时乘六龙以御天^⑧。乾道变化，各正性命^⑨。保合大和^⑩，乃利贞^⑪。首出庶物^⑫，万国咸宁^⑬。

《象》^⑭曰：天行健，君子以自强不息^⑮。

…………

《彖》曰：至哉，坤元^⑯！万物资生，乃顺承天^⑰。坤厚载物，德合无疆^⑱；含弘光大^⑲，品物咸亨。牝马地类，行地无疆，柔顺利贞。……

《象》曰：地势坤^⑳，君子以厚德载物。

【注释】

①《彖(tuàn)》：《彖辞》，是对卦辞进行解释的文字，相传其作者为孔子。

②乾元：这里指生命的本源。

③资始：可以依赖的初始状态。资，凭借、依赖。始，初始、开始。

④统天：受天的统率。统，统率。

⑤品物：世间繁华的万物。流形：像流水一样可以变动成形。

⑥大明：太阳是天上最光明的事物，所以被古人称为大明。

⑦六位：指上、下、东、西、南、北六个方位，也用来指乾卦的六爻。

⑧六龙：这里紧承前句，也是喻指乾卦的六爻，意在说明六爻的变动就像六龙按时御天一样。

⑨性：属性，活性。

⑩大和：也就是太和，指的是冲和的气，其最佳状态在于和谐与协调。

⑪贞：规律。

⑫庶物：万物。

⑬咸：皆，都。

⑭《象》：《象辞》，解释卦爻的一种辞，蕴含的是"形象""象征"的意思。

⑮自强不息：自我激励，自我找寻永远向上的力量。

⑯至：形容恰到好处。坤：这里代指大地，为阴。元：这里指阴元气最初的状态。

⑰承：这里是承受的意思。

⑱无疆：兼指地域上的宽广无涯及时间上的无限。

⑲含：蕴含，蕴藏。

⑳坤：顺从，接纳。

【译文】

《象辞》上讲，真是伟大啊，天地间的元气。它为世间万物提

供了演变的初始条件，一切统归于天。于是，流云、降雨、万物繁衍，便有了具体的形态。它就像太阳周而复始地升降一样，让人们能够分清上、下、东、西、南、北的方位，显现出潜龙状态至亢龙状态的成长过程，并且与天道合拍。只有经过这样的变化，万物才能保持和谐协调的状态，达到最佳的正道。如果每种生物的生长都遵循这个规律，那天下就能一片祥和了。

《象辞》上讲，天道周而复始地运行着，永远没有停息的时候，所以君子要以天为法，战胜自我，永远向上。

…………

《象辞》上说，啊，坤阴元气！世间的万物都受到它的滋养，其实是在顺承天意。载育着万物的深厚大地，其美德广阔无边。在大地的怀抱中，万物都在茁壮地成长，都能各得其所。就像牝马，属于地上的动物，能任重负远，驰骋不息，而且变得非常柔顺，并能在正道上顺利地行走。……

《象辞》上讲，大地顺天而行，于是君子以大地为效仿对象，用宽厚的德性接纳天下万物。

【评析】

在儒家经典中，《易经》被尊为"六经之首"，有着无比崇高的地位。而在道家学说中，《易经》也享有同于其在儒家经典中的地位，被道家奉为"三玄之冠"。《易经》分为《连山》《归藏》《周易》三部。《连山》《归藏》失传已久，现存于世的只有《周易》。《周易》包

括《易经》和《易传》两个部分，据说是孔子所作。本文节选自《易传》中乾坤两卦的象辞。《易经》文字凝练，内涵丰富，对后世哲学、文学产生了极大的影响，可以说是中华民族精神的思想源头。清华大学的校训"自强不息，厚德载物"就出自这里。

美德故事

厚德载物

在春秋时期，有一对友谊十分深厚的好朋友——鲍叔牙和管仲。鲍叔牙是一个胸怀宽广的人，他对人才十分爱惜，有一双善于发现人才的慧眼。齐国能够在齐桓公时成为最强大的国家，离不开管仲的经世之才，更离不开鲍叔牙毫无保留的辅助。

鲍叔牙和管仲相识的时候，一个是尊贵的大夫之子，另一个却是连吃饱肚子都不容易的人，两人身份悬殊，却感情深厚。

47

管仲为了填饱肚子，想要经商来赚钱。鲍叔牙听说了这件事之后，主动找到管仲，拿出钱来和他合伙做生意。虽然鲍叔牙出的钱是最多的，可是当他们获得了利润之后，管仲总是自己分得最多的钱财，鲍叔牙获得的却很少。

知道这件事的人都觉得不公平，在背地里议论说："这个管仲可真不讲义气啊，和鲍叔牙一起合伙做生意，明明鲍叔牙出的钱财最多，到头来，管仲却分给他一小部分钱，其他的都自己贪去了。"

鲍叔牙听了，并不放在心上，反而转过头对议论的人说："你们不要这样想管仲，他并不是为了贪图这些钱财，只是因为家里太过贫穷，还要赡养自己的老母亲，所以拿的钱多了些。我本来也不需要这么多的钱财，多给他一些也没有关系。"大家听了鲍叔牙的话，都对他十分敬佩，认为鲍叔牙是个真正的朋友。

这件事传进了管仲的耳朵里，他也被鲍叔牙的话感动了，暗暗下决心，以后一定要努力帮助鲍叔牙，帮他办事情来报答他。可惜鲍叔牙几次把重要的事情托付给管仲做，管仲都没有办好，别人又嘲笑他，认为管仲是个做不好事的人。

没想到鲍叔牙非但没有责怪管仲，还愿意帮助管仲做官，即使管仲几次被撤职，也不曾改变对管仲的看法。众人都笑管仲，轻蔑地说："我看这管仲啊，愚笨得很，根本没有什么才能。"还替鲍叔牙抱不平，认为鲍叔牙看错了人，不该与管仲交好。

"管仲他不是这样的人，他是有才能的，只不过没有遇上合适的机会罢了。"鲍叔牙真诚地在大家面前为管仲辩护，不因众人的话而与管仲产生嫌隙，他们的友谊也越来越深厚。

可是管仲呢，却一而再，再而三地让大家失望，大家都厌恶管仲这样的人。管仲和鲍叔牙曾三次一起参与战斗，却在与敌人打斗的时候偷偷逃走，做了逃兵。大家都看不起他，认为他是个贪生怕死的人，是一个胆小鬼。管仲也觉得没有颜面面对大家，躲在家里不出来。

当所有人都厌恶管仲的时候，只有鲍叔牙还坚守两人的情谊，专门跑到人群中向大家解释道："管仲他并不是一个爱惜自己的生命而惧怕牺牲的人啊，请大家不要误解他。只是因为管仲的家里还有一位老母亲，他不忍心留下老母亲一个人生活，这才选择了逃离战场。希望大家都站在他的立场想想，不要错怪他了。"

管仲听到了别人转述给自己的话，感动得流下了眼泪，哭着说："生育我的人是我的父母，可是真正了解我的人，世界上只有鲍叔牙一个啊！"

不过，管仲还没来得及报答鲍叔牙，他们两人就分别辅佐着公子纠和公子小白，陪伴他们去了别的国家。管仲辅佐的人是公子纠，而鲍叔牙辅佐的人是公子小白，两位同是齐国的公子，都有继承君位的机会，彼此是竞争的对手。作为两位公子的老师，这两位好朋友也成了竞争的对手。

后来，齐国的齐襄公意外被人杀死，齐国一下子失去了国君，远在鲁国的公子纠和莒国的公子小白都想要继承君位，就都在老师的帮助下急匆匆地往齐国赶，谁先到达谁就能继承君位。

管仲为了能让公子纠继承君位，特意告别公子纠，骑着马去拦截公子小白。管仲借机突然拿出弓箭向公子小白射去。对管仲没有防备的鲍叔牙和公子小白来不及阻拦，箭就射中了公子小白，

于是管仲高兴地掉转马头就跑了。哪知公子小白并没有被箭射伤，而是被射中了腰带，为了骗过管仲而弯下腰装死。

正当管仲带着公子纠不紧不慢地抵达齐国时，他却发现鲍叔牙已经带着公子小白登上了君位。公子纠被当上国君（其谥号为齐桓公）的公子小白处死了，管仲也被抓了起来，准备杀掉。

齐桓公为了感激鲍叔牙对自己的教导之恩，想要拜鲍叔牙为相，却被鲍叔牙拒绝了。鲍叔牙语重心长地对齐桓公说："我的才能不如管仲，哪里能当得起相位呢？希望您能认真考虑管仲这个人才，放下心中的怨恨，拜他为相。"

齐桓公心里还记着管仲对自己的一箭之仇，他不理解鲍叔牙的做法，疑惑地问："那管仲曾经为了公子纠而差点杀了我，您为什么要替他说话呢？在我看来，老师您有着高超的智慧，足以担当相国，辅助我成就大业啊。"

"管仲当初辅佐的人是公子纠，所以他要杀您也是合情合理的呀，这恰恰是他忠心的表现。如果您能放下仇恨接纳他的话，那他就会为了您去杀别人。"鲍叔牙恭敬地回答齐桓公，一心为齐桓公推举管仲这样的人才，接着说，"管仲的才能确实都在我之上，这一点我再清楚不过了。如果您想要成就大业，一定会需要管仲这样的人才。"

齐桓公明白了鲍叔牙的苦心，决心拜管仲为相，又为鲍叔牙的谦虚而骄傲，称赞鲍叔牙说："能够成为老师的学生，我是多么幸运啊，您有着宽广的心胸和高尚的道德，实在是让人敬佩。"

管仲成为齐相以后，鲍叔牙甘愿居于他之下，两人尽心尽力地为齐国办事，一起把齐国建设成了强大的国家。

俭约自守

　　中国古代农业科技和社会生产力都不发达，粮食产量很低，往往几年的丰收才能有一些积蓄，如果风不调雨不顺，那么很可能面临饥荒。因此古人特别注重节俭，并以此为美德。

　　要想富国则必须提倡节俭，另外节俭也是反腐倡廉的重要途径。历朝历代，一些官员贪污受贿，不清正廉洁，往往都是因为没有养成俭朴的好品德，所以他们贪得无厌，迷恋奢侈生活。而俭朴的好习惯能帮助人修正品德。品德修正了，那些过分的欲望也就得到了抑制。

　　春秋时期的鲁国贵族、著名的外交家季文子，一生以节俭为美德。他做官三十多年，从来不为自己谋福利。他一辈子都以节

俭为立身之本，并要求家人也过俭朴的生活。

做官之后，季文子想穿什么、想吃什么都不是问题。但是他从不穿华贵的衣服，穿衣服只求朴素整洁，他除了朝服以外没有几件像样的衣服。除了在服装上不讲究，每次外出季文子所乘坐的车马也极其简单。

见他有如此节俭的美好品质，有个叫仲孙它的人就劝季文子说："你身为重臣，官至上卿，竟然在家都不准妾穿丝绸衣服，也不许用粮食喂马。作为一个德高望重的人，你不注重自己的形象，有损国家尊严，太寒酸啦。如果让外国的人看到，人家会惊讶：原来鲁国上卿过的就是这样的日子呀！我建议您，为了国家利益，还是改变一下生活方式吧。这是对国家、对自己都很有利的事，您何乐而不为呢？"

听仲孙它这么说，季文子淡然一笑，严肃地对他说："谁不希望把自己家里布置得豪华典雅又漂亮呢？但是，我们国家的老百姓有许多人饭都还没吃饱，吃的食物粗糙得难以下咽；还有很多孩子，穿着破旧不堪的衣服，还正在受冻挨饿。想到这些，我怎能忍心去为自己添置家产呢？平民百姓都在吃着粗茶淡饭，穿着粗布衣服，那么我怎么能装扮妻妾、精养良马呢？如果我那样做，哪里还有做官的良心呢？况且，一个国家的强大与光荣，是通过臣民的高洁品行表现出来的，并不是以他们的妾和马来做标准的。既然如此，请原谅我不能接受你的建议。"

季文子这一番话，说得仲孙它满脸羞愧之色。他深感惭愧，对季文子也更加敬重。后来，他向季文子学习，生活也过得十分简朴，家里的妾只穿用普通布匹做成的衣服，家里的马匹也只用谷糠、杂草来喂养。

经典诵读

孝与敬①

子游问孝。

子曰："今之孝者，是谓能养。至于犬马，皆能有养。不敬，何以别乎?"

Filial Piety and Reverence

Ziyou asked about filial piety.

Confucius said,"At present those who can feed their parents are considered filial sons. Even dogs and horses are fed. If no reverence is shown, where is the difference?"

_____

① 出自《论语·为政》。

慎独①

是故君子戒慎乎其所不睹，恐惧乎其所不闻。莫见乎隐，莫显乎微，故君子慎其独也。

Shendu

A man of virtue is cautious when he is not being watched by others and apprehensive when what he says is not being heard. There is nothing more visible than in what is secret, and nothing more obvious than in what is vague and minute. Therefore, a man of virtue is watchful when he is at leisure and alone.

---

　① 出自《礼记·中庸》。

同异^①

大同而与小同异，此之谓"小同异"。万物毕同毕异，此之谓"大同异"。

Similarity and Difference

When there are major commonalities and minor differences, or minor commonalities and major differences, it is called "minor commonality and differentiation". When things are totally identical or totally different, it is called "major commonality and differentiation".

---

① 出自《庄子·天下》。

项目三

岁月的烙印

——中国传统节日

文化
通识

一、中国传统节日文化内涵

　　中国传统节日是源自人们生活中的共同需要而通过积淀形成的，并以举行传统仪式和庆典活动等为重要内容和方式，在特定时间中利用相应的物质载体表达思想、信仰、道德、理想等的民众群体活动的日子。在中华民族的历史发展进程中，中国传统节日以其丰富的文化内涵和周期性、民族性、群众性的特点，深深融入人们的日常生活和精神世界，滋养着民族的生命力、创造力和凝聚力，推动着中华文化历久弥新、不断发展壮大。中国传统节日凝结着中华民族的民族精神和民族情感，承载着中华民族的文化血脉和思想精华，是维系国家统一、民族团结和社会和谐的重要精神纽带。

(一)植根于古代农耕文化

　　从中国传统节日的起源来看，大多出于农耕目的。中国传统节日日期的选择与设定大多是古人依据天候、物候和气候的周期

性转换而约定俗成的，对应着特定的节气和农时。节气，即古人依据太阳在黄道的不同位置确定的"二十四节气"，是农耕周期中的关键节点。每当特定的节气来临之时，古人都要举行与这个节气相应的仪式和庆典活动，久而久之便形成了传统节日。可以说，中国传统节日植根于古代农耕文化的土壤中，是农业文明的伴生物。

(二)体现着中华文化的丰富性和多样性

中国传统节日文化是一个内容丰富、体系完整的系统。在精神文化层面，中国传统节日浓缩着我国数千年文明的丰富内涵，集中体现了中华民族优秀的精神风貌和理想情怀，蕴含着人们对美好生活的不懈追求、对大自然的感恩与敬畏、对家庭团圆与世间和谐永恒的企望。在行为文化层面，中国传统节日是各种民俗活动和民间艺术集中展示的平台，荟萃着祭奠、礼仪、表演、技艺、艺术、体育、游戏等丰富多彩的行为文化。在物质文化层面，中国传统节日孕育了丰富的物质文化，如饱含美好寓意的节令佳肴，祈福许愿的字画饰物、植物花卉等。这些物质文化载体不仅能满足佳节中民众的某种生理需求、社交需求、审美需求、点缀需求等，而且以其特有的象征性和富含的文化蕴意，寄托着人们对幸福生活的向往和对美好未来的追求。

(三)蕴涵着中华传统美德

中国传统节日文化在长期的流行和发展中，不断吸收和融入中华民族的人文精神和思想精华，蕴含着丰富的中华传统美德。

节日期间内容繁多的礼俗、美味可口的食品、生动活泼的娱乐，每一样都蕴藏着深意，生动体现了中华民族热爱生命、追求健康的人本精神，敬祖孝先、尊老爱幼的伦理道德，勤劳勇敢、刚健有为的自强精神，弘扬正义、忧国忧民的爱国情怀，团结和睦、平安吉祥的人生追求等。

二、传承中国传统节日文化的现实意义

(一)有助于塑造当代社会道德价值观

正如前文所述，中国传统节日蕴含着丰富的中华传统美德，通过节日的礼仪、庆典潜移默化地融入人们的言行举止中，最终内化为中华民族共同的伦理道德追求。人们在谈到传统节日时，常常会追溯历史，引经据典，抒发情感。这一切行为都是中华民族思想观念、风俗习惯、道德伦理在不同侧面的反映，是中华儿女对美好生活的憧憬的描绘。所以，传承中国传统节日文化，有助于塑造当代社会道德价值观，让人们在感悟中华优秀传统文化魅力的同时，提升个人修养，树立正确的伦理道德观念。

(二)有利于传承中华优秀传统文化根脉

中华文明绵延数千年，有其独特的价值体系。中华民族能够生生不息、绵延发展，饱受挫折又不断浴火重生，离不开中华优秀传统文化的有力支撑。作为中华优秀传统文化的重要组成部分，中国传统节日是传承与弘扬中华优秀传统文化的重要载体。每一个中国传统节日都有着明确的主题，并以其独特的表现形式和民俗习惯，向世界生动地展示着中华民族的想象力、生命力、创造力，以及中华优秀传统文化蕴含的思想观念、人文精神、道德规范。由此可见，中国传统节日在传承中华优秀传统文化方面起着

不可或缺的重要作用。因此，加强对中国传统节日文化的挖掘和阐发，使中国传统节日文化同当代中国文化相适应、同现代社会相协调，有利于保持中华优秀传统文化内在的强大生命力，传承和延续中华优秀传统文化根脉。

(三) 有利于增强民族凝聚力

民族凝聚力能够激发人们强烈的认同感和归属感，进而产生强大的社会凝聚力。中国传统节日之所以在海内外华人中有着广泛而持久的影响力，是因为它们蕴含着中华民族的思想精华和文化精髓，体现着民族精神，包含着民族情感，滋养了民族生命力，提升了民族凝聚力和民族创造力。所以，每逢中国传统佳节来临，所有中华儿女无不热烈庆祝。因此，弘扬和传承中国传统节日文化，有利于增强民族认同感和民族凝聚力。

三、重要的中国传统节日

(一)春节

春节是中华民族及海外华人最重要的传统节日。狭义的春节指农历新年第一个月的第一天，广义的春节是指从农历最后一个月的二十三日(祭灶)到新年第一个月的十五日(元宵节)这一段时间。现代意义的春节实际上是古代一年之始与立春节气两者的混合。春节期间，人们会祭拜神灵和祖先，张贴春联和年画，置办年货，吃团圆饭，给压岁钱，守岁，燃放爆竹，走亲访友，等等。它凝结着中国人的伦理情感、宗教情怀、生命意识，具有深厚的历史内涵和丰富的节俗内容。在伦理与宗教层面，除了祭祀，祈求祖先和神灵对家人的庇佑，春节更多地体现了中国人对家族团圆、和睦及亲情的重视；在时间与生命意识层面，辞旧迎新、驱除邪祟等春节仪式表达了人们对新年的祝福及对未来生活的美好期待。受中华文化影响，中国周边一些国家和民族也有庆祝春节的习俗。

(二)元宵

元宵，原意为"上元节的晚上"，因正月十五"上元节"的主要活动是观灯赏月，后来节日名称衍化为"元宵节"。元宵节的节期与节俗活动是随历史的发展而延长、扩展的。就节期长短而言，汉代才一天，到唐代为三天，宋代则长达五天，明代更是自正月

初八点灯，一直到正月十七的夜里才落灯，整整十天。元宵节与春节相接，白昼为市，热闹非凡，夜间燃灯，蔚为壮观。特别是那精巧、多彩的灯火，更使其成为春节期间娱乐活动的高潮。至清代，元宵节的节庆活动除了赏灯、猜灯谜、吃元宵外，增加了舞龙、舞狮、跑旱船、踩高跷、扭秧歌等"百戏"内容，只是节期缩短为四到五天。

（三）清明

清明是中国传统岁时体系中唯一与节气合一的节日，通常在公历4月4或5或6日。唐代以前，清明主要作为二十四节气之一，反映自然时节的变化，与农事息息相关。唐宋以后，清明节取代寒食节而成为节日，寒食节原有的祭祖扫墓、吃冷食等成为清明节习俗的内容。此时万物生气旺盛，人们顺应季节的变化，开展郊游踏青、插柳、放风筝、荡秋千等活动。时至今日，清明仍是中国人生活中具有特殊意义的节日。2006年5月20日，经国务院批准，清明节被列入中国第一批国家级非物质文化遗产名录。

（四）端午

端午节，又称"重五节""端阳节"或"天中节"，最初是华夏先民祛病防疫的节日。在秦汉时期，人们认为端午这天太阳运行到正天顶的位置，日光毒辣，恶气尽出，称为"恶日"。因此，人们在端午节要"趋吉避凶"。当天人们要在门框上悬艾草、菖蒲、榕枝等，室内要喷洒雄黄酒、燃苍术，以驱除虫、蛇，还要煮艾草、菖蒲和其他草药水沐浴，儿童要在手腕或脖子处佩戴五色丝线，

称为续命缕。这天要吃枧水粽。中午时，人们在江面上举行龙舟赛，并向江里投掷粽子，据传是为了纪念屈原。

（五）中秋

"中秋"一词，最早见于《周礼》。据史籍记载，古代帝王祭月的节期为农历八月十五，恰逢三秋之半，故名"中秋节"；又因为这个节日在秋季八月，故又称"秋节""八月节""八月会"；中秋节有祈求团圆的信仰和相关习俗活动，故亦称"团圆节""女儿节"。因中秋节的主要活动都是围绕"月"进行的，所以又俗称"月节""月夕""追月节""玩月节""拜月节"；唐朝时，中秋节还被称为"端正月"。中秋节始于唐朝初年，盛行于宋朝，至明清时，已与春节齐名，成为中国的主要节日之一。受中华文化的影响，中秋节也是东南亚和日、韩一些国家，尤其是生活在当地的华人华侨的传统节日。虽然同为中秋，但各国习俗不同。

（六）重阳

农历九月初九，又称"重九"，而道家阴阳观念认为九是至阳之数，重九便是重阳，重阳节之名因此而来。在汉朝时期，人们已经将春天的上巳、寒食以及秋天的重阳视为春秋两季的大节日。《西京杂记》中就写过"三月上巳，九月重阳，使女游戏，就此祓禊登高"之句。庆祝重阳节的活动一般包括出游赏景、登高远眺、观赏菊花、遍插茱萸、吃重阳糕、饮菊花酒等。

经典选读

诗经·豳风·七月

七月流火①，九月授衣②。一之日觱发③，二之日栗烈④。无衣无褐，何以卒岁？三之日于耜，四之日举趾。同我妇子，馌彼南亩⑤。田畯至喜⑥。

七月流火，九月授衣。春日载阳，有鸣仓庚⑦。女执懿筐⑧，遵彼微行⑨，爰求柔桑。春日迟迟，采蘩祁祁⑩。女心伤悲，殆及公子同归。

七月流火，八月萑苇⑪。蚕月条桑⑫，取彼斧斨⑬。以伐远扬⑭，猗彼女桑⑮。七月鸣鵙⑯，八月载绩。载玄载黄，我朱孔阳⑰，为公子裳。

【注释】

①流火：流，向下行。火，星名，亦称"大火"。每年农历六

月此星出现于正南方，位置最高，七月以后就偏西向下，所以称"流火"。

②授衣：把裁制冬衣的差事分配给妇女。

③觱(bì)发：寒风触物发出的声响。

④栗烈：凛冽，寒冷貌。

⑤馌(yè)：送饭。

⑥田畯(jùn)：为领主监工的农官。

⑦仓庚：黄莺。

⑧懿(yì)筐：深深的筐子。

⑨微行(háng)：小路。

⑩蘩(fán)：白蒿。祁祁(qí)：形容采蘩妇女众多的样子。

⑪萑(huán)苇：荻草与芦苇。

⑫条桑：修剪桑枝。

⑬斨(qiāng)：斧柄方孔的斧。

⑭远扬：长得特别高的桑枝。

⑮女桑：嫩桑叶。

⑯鵙(jú)：鸟名，即伯劳。

⑰孔阳：色彩极为鲜明。

【译文】

　　七月火星向西落，九月里叫人缝寒衣。十一月北风呼呼吹，十二月寒气冷飕飕。粗布衣裳都没有，残冬腊月怎度过？正月里农具修整好，二月里举足到田头。带着老婆和孩子，晌午送饭村南头，田官看了乐悠悠。

七月火星向西落，九月里叫人缝寒衣。春天太阳暖洋洋，黄莺儿枝头欢唱。姑娘们提着竹篮，沿着小路向前走，采下片片嫩桑叶。春天日子渐渐长，采蒿人多似水流。姑娘不禁暗悲愁，害怕公子把我抢。

七月火星向西落，八月里要把芦苇割。春天里桑树要整枝，拿起刀锯和斧头。除掉高枝与长条，轻采柔桑片片收。七月里伯劳叫喳喳，八月里不停来纺纱。染成黑色又有黄，我染大红最漂亮，为那公子做衣裳。

【评析】

这是一首农事诗，也是《诗经》中最长的一首诗。诗歌采取赋的手法，以时间为序，详尽地描述了农夫一年四季的生产劳作状况，不但展示了劳动人民的勤劳与智慧，也生动呈现了周代农夫的繁重劳动及其所遭受的剥削和压迫。全诗宛若一幅全景图，尽现西周时期农夫的物质生活和精神生活，鲜明地表现出了《诗经》的现实主义风格。

史记·屈原贾生列传(节选)

屈原至于江滨，被发行吟泽畔①。颜色憔悴，形容枯槁。

渔父见而问之曰："子非三闾大夫欤②？何故而至此？"

屈原曰："举世混浊而我独清，众人皆醉而我独醒，是以见放。"

渔父曰："夫圣人者，不凝滞于物而能与世推移③。举世混浊，何不随其流而扬其波？众人皆醉，何不铺其糟而啜其醨④？何故怀瑾握瑜而自令见放为⑤？"

屈原曰："吾闻之，新沐者必弹冠，新浴者必振衣，人又谁能以身之察察⑥，受物之汶汶者乎⑦！宁赴常流而葬乎江鱼腹中耳，又安能以皓皓之白而蒙世之温蠖乎⑧！"

【注释】

①被：同"披"。

②三闾大夫：楚官名，掌管楚国贵族昭、屈、景三姓事务。

③凝滞：拘泥，固执。

④铺：同"哺"，吃。糟：酒滓。啜(chuó)：喝。醨(lí)：淡酒。

⑤瑾、瑜：都是美玉，这里借喻人的美德。

⑥察察：清白的样子，比喻品德节操的高洁。

⑦汶汶(mén)：污浊的样子，比喻社会世道的黑暗污浊。

⑧皓皓：同"皓皓"，洁白，比喻品质的高贵纯洁。温蠖(huò)：尘滓重积的样子。

【译文】

屈原来到江边，披头散发地在水边一边走，一边吟咏。他脸色憔悴，形体干瘦。一位渔翁看到他，就问道："您不是三闾大夫吗？为什么来到这里呢？"屈原说："整个社会都是浑浊的，只有我是清白的，大家都昏醉了，只有我是清醒的，所以被放逐。"渔翁说："聪明的人都能不拘泥于客观事物而随着世俗而变化。整个社会都是浑浊的，你为什么不随波逐流呢？大家都昏醉，你为什么不跟着吃点残羹淡酒呢？为什么要保留美玉般的节操，而使自己被放逐呢？"屈原说："我听说过，刚洗过头的人一定要掸去帽子上的灰尘，刚洗过澡的人一定要抖掉衣服上的尘土，谁愿意以洁净之身蒙受外界污垢的沾染呢？我宁愿跳入江水，葬身于鱼腹之中，又怎能让自己的高洁的品格蒙受世俗的污染呢！"

【评析】

本文节选自《史记·屈原贾生列传》。虽然屈原、贾谊不是同时代的人，但是二人的遭遇有不少共同之处。他们都是才高气盛，又都是因忠被贬，在政治上都不得志，在文学上又都成就卓著。所以，司马迁把他们同列于一篇。本文饱含感情，行文幽抑哀婉。司马迁寄情于笔端，因为他也同样是才高气盛，却因忠而遭受不幸，所以本文表面上是写屈原，实际上也是在写他自己。

美德故事

孝子坟

　　清朝时期，清丰县纸房乡大什字村有个孝子叫赵文炳，他家境贫寒，父亲死得早，生活更是雪上加霜。为了供养老母和小妹，他每天起早贪黑，靠卖豆腐维持生计。

　　他对母亲非常孝顺、关心，一日三餐亲手端上，每逢母亲不高兴的时候，他就开导母亲，直到母亲高兴为止。有次母亲因病卧床，他竭力照顾不离左右，煎好药汤后都要亲口尝试，怕药太

热烫到母亲，太凉又对病情不好。经他细心照料，母亲的病慢慢好转，身体逐渐康复，当时邻人都称他为大孝子。母亲死后，他悲痛至极，也更加思念故去的父亲，恨自己无力厚葬双亲。为解心中愧疚，他就在坟前盖茅草屋守孝三年。每日他必用新土封坟，烧香祈祷，村民都为之感动。

后来，他做买卖无论走到哪里，路途多么遥远，清明节回来时都要兜一兜土倒在双亲的坟上。他的妹妹每逢祭日或清明节，也兜一兜土上坟，日积月累，坟被封得丈余高，占地近半亩，坟上柏树成荫。他的孝行广为乡里传颂，人们都称这座坟为"孝子坟"。

这个故事体现了孝顺和感恩的美德，也教育人们要珍惜亲情、关爱家人。

龙舟竞渡

　　端午节始于春秋战国之际。关于其由来，说法不一，但以纪念屈原之说影响最广最深最大。

　　据《史记》"屈原贾生列传"记载，屈原是战国时期楚怀王的大臣。其倡导举贤授能、富国强兵、联齐抗秦遭到贵族子兰等人强烈反对，屈原遭谗去职，被赶出了都城，流放到沅和湘流域。他在流放了的情况下，写下忧国忧民的《离骚》《天问》《九歌》等不朽诗篇。公元前278年，秦军攻破了楚国京都，屈原始终不忍舍弃自己祖国，于五月初五在写下绝笔作《怀沙》之后，抱石投汨罗江身死。

　　传说屈原死后，楚国百姓哀痛异常，纷纷涌到汨罗江边去凭吊屈原。渔夫们划起船只，在江上来回打捞他的真身。他们争先恐后，追至洞庭湖时不见踪迹。之后每年五月五日划龙舟以纪念之。借划龙舟驱散江中之鱼，以免鱼吃掉屈原的身体。

　　2009年9月，联合国教科文组织正式批准将端午节列入《人类非物质文化遗产代表作名录》，端午节成为中国首个入选世界非遗的节日。

经典诵读

元日

王安石

爆竹声中一岁除，

春风送暖入屠苏。

千门万户瞳瞳日，

总把新桃换旧符。

New Year's Day

Wang Anshi

The year departs amid the sound of fireworks,

And a warm breeze helps to ferment the wine.

When the light of dawn shines upon thousands of homes,

Avery family puts up New Year couplets.

清明

杜牧

清明时节雨纷纷，

路上行人欲断魂。

借问酒家何处有？

牧童遥指杏花村。

Qingming

Du Mu

In the drizzling rain of Qingming,

A traveler walks with a heavy heart.

He asks, "Where can I find an inn?" In response,

A cowherd points to a village where apricot trees are in bloom.

醉花阴

李清照

薄雾浓云愁永昼，瑞脑销金兽。

佳节又重阳，玉枕纱厨，半夜凉初透。

东篱把酒黄昏后，有暗香盈袖。

莫道不销魂，帘卷西风，人比黄花瘦。

Tipsy in the Flower's Shade

Li Qingzhao

In thin mist and thick cloud of incense, sad I stay.

The animal-shaped censer I see all day.

The Double Ninth Festival comes again.

Still alone I remain in the curtain of gauze, on a pillow of jade,

Which the midnight chill begins to invade.

After dusk I drink wine by East Hedge in full bloom,

My sleeves filled with fragrance and gloom.

Say not my soul is not consumed!

Should the west wind uproll the curtain of my bower,

I would show a thinner face than yellow flower.

项目四

大国的风范

——中华传统礼仪

文化通识

　　中国素有礼仪之邦之称。礼仪文化的发展有其历史渊源，可以追溯到久远的过去。应当说，在中华民族的历史掀开第一页的时候，礼仪就伴随着人类的活动。

　　古代所谓礼仪，包括的内容和形式非常广泛，诸如政治体制、朝廷法典、天地鬼神祭祀、水旱灾害祈禳、学校科举、军队征战、行政区域划分、房舍陵墓营造，乃至衣食住行、婚丧嫁娶、言谈举止，无不与礼仪有关。它几乎是一个囊括了国家政治、经济、军事、文化一切典章制度以及个人的伦理道德修养、行为准则规范的庞大的概念。直到近代以后，礼仪的范畴才逐渐缩小，现在则一般只有礼节和仪式的意思。

一、中华传统礼仪的形成与演变

要了解中国传统文化，就必须了解中国礼仪文化。古代中国在农业文明的土壤上孕育了"天人合一"的哲学思维，催生出了"君子风范"的礼仪文化，二者共同展示了礼仪之邦的深刻内涵。

(一)传统礼仪的形成

中国关于礼仪的典故很多，体现出中华民族素来是一个温文尔雅、落落大方、谦恭礼让的文明之邦。礼仪作为中国传统文化的一个重要组成部分，几乎渗透于古代社会的各个方面。

有一种观点认为，礼仪起源于祭祀。东汉许慎的《说文解字》对"礼"字的解释是这样的："履也，所以事神致福也。"意思是：实践约定的事情，用来给神灵看，以求得赐福。"礼"字与古代祭祀神灵的仪式有关，古时的祭祀活动不是随意地进行的，是严格地按照一定的程序、一定的方式进行的。郭沫若在《十批判书》中指出："大概礼之起起于祀神，故其字后来从示，其后扩展而为对人，更其后扩展为吉、凶、军、宾、嘉的多种仪制。"这里讲到了礼仪的起源，以及礼仪的发展过程。

另一种观点认为，礼仪起源于风俗习惯。人是不能离开社会和群体的，人与人在长期的交往活动中，渐渐地产生了一些约定俗成的习惯，久而久之，这些习惯成了人与人交际的规范，在这些交往习惯以文字的形式被记录并被人们自觉地遵守后，就逐渐

成为人们交际交往固定的礼仪。遵守礼仪，不仅使人们的社会交往活动变得有序，变得有章可循，同时也能使人在交往中更具有亲和力。

还有一种观点认为，礼仪是为表达自身感情而存在的，在没有礼仪存在的时候，人们祭祀天地根本无法表达心中的敬畏，后来就出现了礼仪，如同语言一般，是因为需要才产生的。后来拓展出晚辈向长辈行礼来表达自己的敬意，渐渐地礼又有了礼节的含义。

从礼仪的起源可以看出，礼仪是在人们的社会活动中，为了维护一种稳定的秩序，为了保持一种交际的和谐而产生的。一直到今天，礼仪依然体现着这种本质特点与独特的功能。

对一个人来说，礼仪无疑是其思想道德水平、文化修养、交际能力的外在表现；对一个国家或一个民族而言，礼仪是其社会风貌、道德水准、文明程度、文化特色和公民素质的主要标志。我国在大力倡导构建和谐社会的今天，离不开礼仪文化的教育，开展礼仪教育已成为道德实践的一个重要内容。批判地继承和弘扬古代礼仪思想，汲取传统礼仪中合理的、有益的因素，并且与时俱进地赋予其新的内涵，对提高人们的礼仪修养，塑造讲求文明礼仪的社会风气，形成谦逊有礼、祥和融洽的美好社会具有重要的作用与意义。一个具有良好秩序及人际关系和谐的社会，一定是一个其成员具有良好礼仪修养的社会。

(二)传统礼仪的演变

传统礼仪的演变大致经历了四个发展阶段：萌芽时期、形成

时期、发展时期和强化时期。

1. 萌芽时期

仰韶文化彩陶上的人面虫身像和墓葬中死者头颅西向而卧，均透露出远古时代礼仪制度的信息。这种崇拜的仪式便是最早礼仪的萌芽。这一阶段大致相当于传说中的"三皇五帝"时期。

2. 形成时期

随着私有制、阶级和国家的出现，礼逐渐成了统治阶级的统治工具。古代礼仪的范围非常广泛，包括政治体制、朝廷法典、天地鬼神祭祀、水旱灾害祈祷、衣食住行、婚丧嫁娶和个人的言行举止等，到了西周时期便形成了一整套系统的礼学专著。"三礼"即《周礼》《仪礼》《礼记》，这些是我国最早的"礼仪学"专著。其中保存了周代的许多礼仪，在汉以后的两千多年中，它们一直是国家制定礼仪制度的经典著作依据，被称为"礼经"。如《荀子·大略》中所言的"言语之美，穆穆皇皇"，即是说"语言之美在于谦恭、和气、文雅"；《礼记·表记》中还特别规定了人际交往应"不失足于人，不失色于人，不失口于人"，这在我国"礼"的教育中一直受到重视。

3. 发展时期

春秋战国时期是我国从奴隶社会向封建社会转型的时期。在此期间，相继涌现出孔子、孟子、荀子等思想巨人，发展和革新了以往的礼仪理论。

孔子出生并主要生活在周朝礼仪制度保存得比较完整的鲁国，

可当时正值春秋末期，诸侯纷争，礼崩乐坏，天下无道，出现了严重的道德危机。孔子对此忧心忡忡，曰："德之不修，学之不讲，闻义不能徙，不善不能改，是吾忧也。"(《论语·述而》)他一生学习周礼，传播周礼，且以恢复周礼作为自己的志向，并极力主张进行道德教育和伦理建设，克己复礼，实现和谐的社会生活。

孟子非常重视礼学，他说："非礼之礼，非义之义，大人弗为。"(《孟子·离娄下》)他还说："人不可以无耻，无耻之耻，无耻矣。"(《孟子·尽心上》)他还将人伦关系概括为五种，即父子、君臣、夫妇、长幼与朋友，这五种人伦关系均遵循一定的原则，即父子有亲、君臣有义、夫妇有别、长幼有序、朋友有信。由此可见，孟子发展了孔子的礼学思想。

荀子深入地探讨了礼的起源："礼起于何也?"曰："人生而有欲；欲而不得，则不能无求；求而无度量分界，则不能不争。争则乱，乱则穷。先王恶其乱也，故制礼义以分之，以养人之欲，给人之求，使欲必不穷乎物，物必不屈于欲，两者相持而长，是礼之所起也。"(《荀子·礼论》)荀子认为，礼是人与自然对立的产物，它产生于人类的生存需要；人生不能无欲，而欲望的满足往往受物质条件的制约；为了不使满足欲望的追求损害人类的根本利益，先王制定礼义，既适当满足人的欲望，又把它限制在一定的范围内。可见，在荀子这里，礼是"人之为人"的根本，是人脱离、超越自然状态的标志，同时，礼也是自然秩序的体现。

4. 强化时期

公元前 221 年，秦王嬴政建立了中国历史上第一个中央集权的

封建王朝，在全国推行"书同文""车同轨""行同伦"。秦朝制定的集权制度，成为后来延续两千余年的封建体制的基础。

西汉思想家董仲舒把封建专制制度的理论系统化，提出了"唯天子受命于天，天下受命于天子"（《汉书·董仲舒传》）的"天人感应"之说。他把儒家礼仪具体概括为"三纲五常"。汉武帝采纳董仲舒"罢黜百家，独尊儒术"的建议，使儒家礼教成为定制。"三纲"即"君为臣纲，父为子纲，夫为妻纲"；"五常"即"仁、义、礼、智、信"。

到了明代，交友之礼更加完善。忠、孝、节、义等名目日趋繁多。满族入关后，逐渐接受了汉族的礼制，并使其复杂化。

二、中华传统礼仪习俗

（一）政治礼仪

1. 祭天

始于周代的祭天也叫郊祭，冬至之日在国都南郊圜丘举行。古人首先重视的是实体崇拜，对天的崇拜还体现在对月亮的崇拜及对星星的崇拜。所有这些具体崇拜，在达到一定数量之后才抽象为对天的崇拜。周代人崇拜天，是从殷代出现的"帝"崇拜发展而来的，最高统治者为天子，君权神授，祭天是为最高统治者服务的，因此，祭天盛行到清代才宣告结束。

2. 祭地

夏至是祭地之日，礼仪与祭天大致相同。汉代称地神为地母，说她是赐福人类的女神，也叫社神。最早祭地是以血祭祀。汉代以后，不宜动土的风水信仰盛行，祭地礼仪还有祭山川、祭土神、祭谷神、祭社稷等。

3. 宗庙之祭

宗庙制度是祖先崇拜的产物。人们在阳间为亡灵建立的寄居所即宗庙。祭祀时行九拜礼，分别为"稽首""顿首""空首""振动""吉拜""凶拜""奇拜""褒拜""肃拜"。宗庙祭祀还有对先代帝王的

祭祀,《礼记·曲礼》记述,凡于民有功的先帝如帝喾、尧、舜、禹、黄帝、文王、武王等都要祭祀。自汉代起始修陵园立祠祭祀先代帝王。明太祖则始创在京都总立历代帝王庙。嘉靖时在北京阜成门内建立历代帝王庙,祭祀先王三十六帝。

4. 祭祀

汉魏以后,以周公为先圣、孔子为先师;唐代尊孔子为先圣、颜回为先师。唐宋以后一直沿用"释奠"礼,作为学礼,也作为祭孔礼。南北朝时,每年春秋两次行"释奠"礼,各地郡学也设孔、颜之庙。明代称孔子为"至圣先师"。清代定都北京后,以京师国子监为太学,立文庙,孔子称"大成至圣文宣先师"。曲阜的庙制、祭器、乐器及礼仪以北京太学为准式。乡饮酒礼是祭祀先师先圣的产物。

5. 相见礼

下级向上级拜见时要行拜见礼,官员之间行揖拜礼,公、侯、驸马相见行两拜礼,下级居西先行拜礼,上级居东答拜。平民相见,依长幼行礼,幼者施礼。外别行四拜礼,近别行揖礼。

6. 军礼

军礼,是指军队里操练、征伐、狩猎、营建的行为规范。各朝各代对军礼都制定了具体的制度和条文,杀戮刑赏制度甚严。

(二)生活礼仪

1. 诞生礼

从妇女未孕时的求子到婴儿周岁,一切礼仪都围绕着生命的

主题。诞生礼包括"三朝""满月""百日""周岁"等。三朝是婴儿降生三日时接受各方面的贺礼；满月是在婴儿满一个月时剃胎发；百日时行认舅礼、命名礼；周岁时行抓周礼，以预测小儿一生命运、事业吉凶。

2. 成年礼

成年礼也叫冠礼，是汉族跨入成年人行列的男子行加冠礼仪。冠礼由氏族社会盛行的青年发育成熟时参加的成丁礼演变而来。汉代沿袭周代冠礼制度。魏晋时，加冠开始用音乐伴奏。唐宋元明都实行冠礼，清代剃发易服后废止。

3. 饮食礼仪

"飨"礼在太庙举行，烹太牢以饮宾客，重点在礼仪往来而不在饮食。"燕"礼即宴礼，一般在寝宫举行，主宾可以开怀畅饮。燕礼对中国饮食文化的形成有着深远的影响，节日设宴在中国民间食俗上形成节日饮食礼仪。比如，正月十五的元宵，清明节的冷饭寒食，五月端阳的粽子和雄黄酒，中秋月饼，腊八粥，辞岁饺子等都是节日仪礼的饮食。在特定的节日吃特定的食物，这也是一种饮食礼仪。宴席上的座次，上菜的顺序，劝酒、敬酒的礼节，也都有社会往来习俗中男女、尊卑、长幼关系和祈福避讳上的要求。

4. 宾礼

宾礼主要是对客人的接待之礼。与客人往来的馈赠礼仪有等级差别。古语有："士相见，宾见主人要以雉为贽；下大夫相见，

以雁为贽；上大夫相见，以羔为贽。"

5．五祀

五祀指祭门、户、井、灶、中溜（中室）。周代是春祀户，夏祀灶，六月祀中溜，秋祀门，冬祭井。汉魏时按季节行五祀，孟冬三月"腊五祀"，总祭一次。唐、宋、元时采用"天子七祀"之说，祀司命（宫中小神）、中溜、国门、国行、泰厉（野鬼）、户、灶。明、清两代仍祭五祀，清康熙之后，罢去门、户、中溜、井的专祀，只在腊月二十三日祭灶，与民间传说的灶王爷腊月二十四朝天言事的故事相合，国家祀典采用了民间形式。

6．傩仪

周人认为自然的运转与人事的吉凶息息相通。四季转换，寒暑变异，瘟疫流行，鬼魂乘势作祟，所以必须适时行傩以逐邪恶。傩仪中的主神是方相氏。两汉，傩仪中出现了与方相氏相配的十二兽。魏晋南北朝隋唐沿袭汉制，在傩仪中加入了娱乐成分，方相氏和十二神兽角色由乐人扮演。至今仍有遗存的贵州土家族傩堂仪是最为完整的典型。

（三）社交礼仪

1．握手礼仪

握手礼仪源于古代欧洲人向对方表明手中未带武器，表明亲切友好之意，其后成为风尚。在当今商务交往中，握手是最常使用的一种见面礼。

握手的方式：双方各自伸出右手，彼此间保持 1 米左右的距离，手掌略向前下方伸直，右手四指并拢，拇指向上，掌心向左，手的高度大致与腰部平齐，手握住对方时，应面带微笑地注视对方，也可寒暄几句。

握手时应注意：不要三心二意，双眼要注视对方；握手时间不宜过长(一般在 3 秒至 5 秒)；握手时不要拍对方的臂膀；握手不可用力过度。

2. 名片礼仪

名片是现代商务交往中的一种经济实用的交际工具，是一种自我的"介绍信"和"联络卡"。商务人员应对名片的选用、制作、递接名片的礼仪等有所了解。

名片递送方式：应面带微笑，将名片的正面朝向对方，用双手递给对方(用双手的拇指和食指分别持握名片上端的两角送给对方)并说寒暄语，如"这是我的名片，请多指教。"或"这是我的名片，多保持联系！"

递接名片时应注意：接收名片时应起身或欠身，面带微笑，用双手接住名片的下方两角；接过名片后应致谢，且应认真地看一遍，表示对对方的重视；看完后要妥善收好名片，不可在手中摆弄或随意放在桌上；如果暂放在桌面上，切忌在名片上放其他物品，更不要在离开时漏带名片。

三、中华传统礼仪的时代价值

中国素称礼仪之邦，礼在传统社会生活中无处不在，传统礼仪形态丰富完整，是中国宝贵的历史文化遗产。在古今中西的文化激荡中，如何传承优良的传统礼仪文化，保持中华礼仪文化的独特性，同时以开放的姿态面对与吸收西方礼仪文化元素，传承与弘扬我们的礼仪文化，是必须面对与思考的现实问题。

（一）传统礼仪伦理的当代更新转化

中国是拥有悠久礼乐文明的礼仪大国，有着丰富的礼仪文化资源，同时重视礼制建设与礼俗教化。当代社会是以人民为主体的现代社会，新的社会生活自然需要相应的礼仪，传统礼仪遵循的三大伦理原则在当代社会必然发生根本的性质变化，即更强调人与自然和谐共生的生态伦理，而不是对天地神灵的被动膜拜；更强调家庭社会和谐的社会伦理，而不是上下尊卑的严格等级区分；更强调社会主义国家以人民为中心的政治伦理，而不是居高临下的"牧民"统治。以新的伦理原则处理人与自然、家庭社会等的关系，既保留了中华民族礼仪文化底色，又体现了礼仪文化融入当代社会的创新性发展。

礼仪伦理通过创造性转化、创新性发展实现重建与更新，是新时代精神文明建设和文化强国建设的重要内容。传统礼仪资源的活化利用，对于家国情怀的培育、社会文明的提升、民族凝聚

力的增强、公民道德教育与新的伦理人格养成有着积极的促进作用。

(二)传统礼仪文化的当代实践

中国传统社会是礼制社会，伦理传统是礼制社会的核心传统。当代社会是法治社会，传统礼仪如何融入当代社会，服务与辅助我们的日常生活，促进社会稳定和谐，值得认真思考。我们可以从传统礼仪文化的当代实践中探讨其与当代社会对接、转化创新的路径。

1. 守望相助、相互扶持的人情社交礼俗传统的当代传承与转化

乡土文化是中国人的根性文化，乡土社会的生存方式与社会结构决定了乡民之间形成特定的自我组织、自我服务、守望相助的互惠关系。现代社会以后，社会结构发生重大变化，人们的生产与生活方式已经越过了家庭与村落范围，人际关系也发生了重大变化，人情礼俗传统随着城市化进程的加快与乡村治理方式的变化趋向淡化，并呈现新的变化。但红白喜事中的人情互惠传统在城乡特别是广大乡村仍然普遍存在。我们看到一些传统人情礼俗给现代社会生活带来了困扰，比如互相攀比、价码不断抬高的人情往来费用，因人情而滋生的干预社会公正的弊端，这些都需要在传承优良礼俗时予以抑制与避免。

2. 人生礼仪传统的当代传承与转化

人生仪礼是生命个体经过仪式洗礼的社会化过程，也是人生命历程中的重要时间节点。

93

（1）诞生礼是人生经历的第一道仪礼。为了祝贺新生命的诞生与护佑新生命健康，满月礼表达的是对新生命诞生的喜悦与祝福，周岁礼充满了对幼儿未来的期待。更重要的是养成礼，在一些地区，幼儿上学发蒙之际，要举办开笔礼与启蒙礼，这是人生第一课。在开笔仪礼上，幼儿学写的第一个汉字是"人"，一撇一捺支撑起一个堂堂正正的"人"，将教化的理念渗入礼仪中，这是真正的人生启蒙礼。

（2）成年礼是人生仪礼的重要环节。传统冠礼虽然已经大面积消失，但农村的成年礼俗还不同程度地存在，比如广东潮州的十六岁"出花园"、福建泉州"做十六岁"等，依然是家庭大事。但当代社会的成人目标已经发生重大改变，生命个体的成长更多面向社会。在城市中，往往通行十八岁成年礼。作为个体生命走向社会生命标志的成年礼，需要有特定的仪式，以文化象征的提示促成青年的自我觉醒，进而实现其人生价值与意义。通过仪式互动，受礼者可以感知民族文化的魅力，增进民族文化认同。"不负韶华，担责当行""十八而志，青春万岁"的成年礼刻在受礼人心中，能够为其人生提供精神动力。

（3）婚丧礼仪是人生的重要礼仪。近代以来，婚丧礼仪成为传统礼仪与当代社会生活融合转化的重要载体。传统婚丧礼仪基于传统家庭结构，重视家庭关系的缔结与慎终追远。婚丧礼仪中的家庭伦理原则与仪式主要环节仍然存在于当代社会。我们看到当代婚丧礼仪已经发生了变化，礼仪举行的时空已经与当代社会协调适应。村落社区大多建立了红白理事会，在婚事新办、丧事简办的现代社会治理原则下，烦琐与铺陈的传统仪式显著减少，在

节约人力、物力，凸显现代文明礼仪上，各地有许多新尝试。婚丧礼仪传统中祝愿婚姻美好与庄重送别亡人的仪式依然存在。在当代社会，传统礼仪转化融合在现代生活场域和仪式环节中，人生礼仪实践呈现传统与现代融合的鲜活与多样状态。

（三）节日礼仪的回归与更新

节日礼仪是传统礼仪的重要组成部分，人们在节日礼仪中传承传统，传统也利用节日礼仪进行自我调整与更新。春节回家团圆、敬拜祖先，强化家庭伦理与情感传统，邻里互访，增进社区团结。清明祭祀先人与为国牺牲的烈士，通过虔诚的祭拜礼仪，感恩先人与先烈，传承家国情怀。端午以纪念屈原等爱国先贤的礼仪，强化人们的爱国精神。中秋的赏月与团圆庆贺礼仪主题让自然与人伦传统得到强化。重阳节是中国的敬老节，重阳敬老祈寿的礼仪传统在当代具有越来越重要的现实意义。中国老年人在总人口中的比例逐年上升，关爱老人成为当代文明的重要表现。传承重阳敬老礼仪，动员各方社会力量以实际行动表达对老年人的敬重与关怀，更能体现当代社会文明程度，能够更好地促进社会和谐稳定。

（四）当代公共生活中礼仪传统的传承与创新

礼仪文化是日常生活秩序与精神传承的习俗保障，在今天的公共生活特别是国家治理层面，礼仪文化十分重要。在国家重大政治生活领域与重大节庆场合，传承与弘扬传统礼仪文化，可以有效地展示社会政治伦理，汇聚民心，树立国家文明形象。国家

是人民的共同体，在以人民为中心的国度，人民的礼仪文化传统自然深刻地影响着我们的国家礼仪文化。"礼以顺人心为本"。国家在大政小情、内政外交上率先垂范，遵守、实践礼仪文明，不仅有助于树立良善的国家文明形象，而且能够充分体现国家的文化软实力。

作为具有五千年文明的礼仪国度，我们有着制礼作乐的悠久传统。丰厚的礼仪文化理论积累与历代传承的礼仪实践，构成了礼仪之邦的文化表征，通过融合与转化，礼仪也成了今天社会主义先进文化的重要组成部分。礼仪文化是自古及今中国社会整合与文明进步的文化要素。当前我们面临着建设文化强国的重大任务，优秀礼仪文化具有夯实中国文明与温润中国文化的重要作用，同时也是促进新时代文明实践的重要文化基础。

文以
载道

经典选读

吕氏春秋·孟夏纪·尊师(节选)

　　神农师悉诸①，黄帝师大挠②，帝颛顼师伯夷父③，帝喾师伯招④，帝尧师子州支父⑤，帝舜师许由⑥，禹师大成贽⑦，汤师小臣⑧，文王、武王师吕望、周公旦⑨，齐桓公师管夷吾⑩，晋文公师咎犯、随会⑪，秦穆公师百里奚、公孙枝⑫，楚庄王师孙叔敖、沈尹巫⑬，吴王阖闾师伍子胥、文之仪⑭，越王勾践师范蠡、大夫种⑮。此十圣人、六贤者，未有不尊师者也⑯。今尊不至于帝，智不至于圣，而欲无尊师⑰，奚由至哉？此五帝之所以绝，三代之所以灭。

【注释】

　　①师：用如动词，以……为师。悉诸：姓悉，名诸，传说为神

97

农之师。

②大挠(náo)：传说为黄帝史官，始作甲子，创造了以干支相配纪日的方法。

③颛顼(zhuān xū)：传说中的古帝名，号高阳氏。伯夷父(fǔ)：传说为颛顼之师，又称伯夷。父，古代对男子的敬称、美称。

④喾(kù)：传说中的古帝名，号高辛氏。伯招：传说为帝喾之师。他书或作"柏招"。

⑤子州支父(fǔ)：传说中的古代隐士。

⑥许由：传说中的古代隐士。

⑦大成赘(zhì)：传说为禹的老师。

⑧小臣：指伊尹，商王朝的开国功臣。

⑨文王：指周文王，商末周族领袖，姬姓，名昌，商纣时为西伯，也称伯昌。武王：文王之子，名发，周王朝的建立者。吕望：周王朝的开国功臣，封于齐，号太公望。周公旦：文王之子，名旦，辅佐武王灭纣，封于鲁。

⑩管夷吾：字仲，齐桓公相，辅佐桓公称霸诸侯。

⑪咎犯：即狐偃，字子犯，晋文公之臣。随会：即士会，字季，晋大夫，食采邑随及范，所以又称随会、随季或范季，死后称随武子、范武子。

⑫秦穆公：春秋时秦国国君，名任好。公元前659年—前621年在位，为春秋五霸之一。百里奚：姓百里，名奚，秦大夫。他书或作"百里蹊"。公孙枝：姓公孙，名枝，字子桑，秦大夫。

⑬孙叔敖：即蒍敖，字孙叔，楚庄王令尹。沈尹巫：春秋时楚国大夫，又作"沈尹筮"。

⑭阖闾：春秋末年吴国国君，一作"阖庐"。伍子胥：名员(yún)，吴大夫。文之仪：吴大夫。

⑮勾(gōu)践：春秋末年越国国君。范蠡(lǐ)：越大夫。大夫种：即文种，越大夫。

⑯十圣人：指神农、黄帝、武王等十位帝王。六贤者：指齐桓公、晋文公、勾践等六位诸侯。

⑰无：不。

【译文】

神农以悉诸为师，黄帝以大挠为师，帝颛顼以伯夷父为师，帝喾以伯招为师，帝尧以子州支父为师，帝舜以许由为师，禹以大成贽为师，汤以小臣伊尹为师，文王、武王以吕望、周公旦为师，齐桓公以管夷吾为师，晋文公以咎犯、随会为师，秦穆公以百里奚、公孙枝为师，楚庄王以孙叔敖、沈尹巫为师，吴王阖闾以伍子胥、文之仪为师，越王勾践以范蠡、文种为师。这十位圣人、六位贤者没有不尊重老师的。如今的人们论地位没有皇帝尊贵，智力没有圣人聪明，却不想尊重老师，怎么会建立皇帝和圣人的功业呢？这就是如五帝一样的圣人绝迹、如三代一样的盛世不再现的原因。

【评析】

本文节选自《吕氏春秋·孟夏纪·尊师》，详细地论述了尊师重道的重要性。本文为开篇第一段文字，作者以神农等十位圣人、齐桓公等六位贤者尊师为例，引出对当世不尊师现象的忧虑与批评，强调了尊师重道既是礼的要求，也是对学生的基本要求。

礼记·曲礼上(节选)

道德仁义,非礼不成;教训正俗,非礼不备;分争辨讼,非礼不决;君臣上下,父子兄弟,非礼不定;宦学事师①,非礼不亲;班朝、治军②,莅官、行法③,非礼威严不行;祷祠祭祀④,供给鬼神⑤,非礼不诚不庄⑥。是以君子恭敬、撙节、退让以明礼⑦。

【注释】

①宦:指为吏者。学:指学习礼、乐、射、御、书、数六艺者。

②班朝:排班百官的朝位。班,次。

③莅(lì)官:官吏任职。

④祷祠祭祀:这里指临时的祭祀和定期的祭祀。

⑤鬼神:祷祠、祭祀的对象。这里泛指一切天神地祇人鬼。

⑥不诚:内心不虔诚。不庄:神态不庄重。

⑦撙(zǔn)节:节制。

【译文】

道德仁义,没有礼就不能完成;教导训诫、端正风俗,没有礼就不能完备;分辨争讼,没有礼就不能判断是非曲直;君臣上下、父子兄弟之间,没有礼就不能确定尊卑名分;为学习做官、学习道艺而侍奉师长,没有礼就不能亲近和睦;上朝排列百官位次、治理军队,官吏任职、执行法令,没有礼威严就不能体现;临时的

祭祀或定期的祭祀，供奉天神地祇人鬼时，没有礼内心就不虔诚、神态就不庄重。因此君子要有恭敬、节制、谦让的态度，以彰显礼。

【评析】

本文节选自《礼记·曲礼上》。《曲礼》上下两篇是《礼记》的导论，提纲挈领地说明了吉、凶、宾、军、嘉五礼，详尽地记述了孝亲、尊长、事君、饮食、起居、婚姻、交友的行为规范，内容涉及古代社会理政、治军、教育、制器、备物、宗庙、宫室、衣冠、车旗、祭祀、卜辞等各个方面。作为《礼记》的第一篇，《曲礼上》从总体上论述了礼的目的、原则、意义和作用。

美德故事

曾子避席

　　"曾子避席"出自《孝经》。曾子是孔子的弟子，有一次他在孔子身边侍坐，孔子就问他："以前的圣贤有至高无上的德行，精要奥妙的理论，用来教导天下之人，人们就能和睦相处，君王和臣下之间也没有不满，你知道它们是什么吗？"曾子听了，明白老师是要指点他最深刻的道理，于是立刻从坐着的席子上站起来，走到席子外面，恭恭敬敬地回答道："我不够聪明，哪里能知道，还请老师把这些道理教给我。"

在这里，"避席"是一种非常礼貌的行为。当曾子明白老师要向他传授道理时，他站起身来，走到席子外向老师请教，是为了表示对老师的尊重。曾子懂礼貌的故事被后人传颂，很多人都向他学习。

程门立雪

　　"程门立雪"这个成语家喻户晓。它是宋代著名理学家将乐县人杨时求学的故事。

　　杨时从小就聪明伶俐，四岁入村学，七岁就能写诗，八岁就能作赋，人称神童。他十五岁时攻读经史，熙宁九年登进士榜。他一生立志著书立说，曾在许多地方讲学，备受欢迎。居家时，他长期在含云寺和龟山书院潜心攻读，写作教学。

　　有一年，杨时赴浏阳当县令。途中，他不辞劳苦，绕道洛阳，拜师程颐，以求学问。一天，杨时与他的学友游酢对某问题有不同看法，为了求得一个正确答案，他俩一起去老师家请教。

　　时值隆冬，天寒地冻，浓云密布。他们行至半途，朔风凛凛，瑞雪霏霏，冷飕飕的寒风肆无忌惮地灌进他们的领口。他们把衣

服裹得紧紧的，匆匆赶路。来到程颐家时，适逢先生坐在炉旁打坐养神。杨时二人不敢惊动打扰老师，就恭恭敬敬侍立在门外，等候老师醒来。

这时，远山如玉簇，树林如银妆，房屋也披上了洁白的素装。杨时的一只脚冻僵了，冷得发抖，但依然恭敬肃立。过了良久，程颐一觉醒来，从窗口发现侍立在风雪中的杨时和游酢，只见他们通身披雪，脚下的积雪已一尺多厚了，赶忙起身迎他俩进屋。

后来，东南学者推杨时为"程学正宗"，世称"龟山先生"。此后，"程门立雪"的故事就成为尊师重道的千古美谈。

以尊重换尊重

　　在南北朝时期的萧齐，有一个叫陆晓慧的人，他才华横溢，博闻强识，为人更是恭谨亲切。他曾在好几个王的手下当过长史，然而他却从来不把自己看得很高，前来拜见他的官员，不管官大官小，他都以礼相待，一点儿也不摆架子。如果客人离开，他更会站起身亲自将对方送到门外。

　　有一个幕僚看到这种情景，很不理解，就对他说："陆长史官居高位，不管对谁，哪怕对老百姓也是彬彬有礼，这样实在有失身份，更什么也得不到，长史何必这样麻烦呢？"陆晓慧听了，不以为然地轻松一笑，说道："欲先取之，必先予之。我想让所有的

107

人都尊重我，那我就必须尊重所有的人。"

陆晓慧一生都奉行这个准则，所以得到非常多的人的尊重和支持，他的政绩也远远地超过了别人。

经典诵读

以礼事父母①

孟懿子问孝。

子曰："无违。"

樊迟御，子告之曰："孟孙问孝于我，我对曰'无违'。"

樊迟曰："何谓也？"

子曰："生，事之以礼；死，葬之以礼，祭之以礼。"

Serving Parents According to the Rites

Meng Yizi asked about filial piety.

Confucius said,"Do nothing against the rites".

When Fan Chi was driving, Confucius told him about the conversation, saying," Mengsun asked me about filial piety and I answered, ' Do nothing against the rites. ' "

Fan Chi asked,"What did you mean?"

---

① 出自《论语·为政》。

Confucius said,"While one's parents are alive, one should serve them according to the rites; after they die, one should bury them and offer sacrifices to them according to the rites. "

和为贵①

有子曰："礼之用，和为贵。先王之道，斯为美，小大由之。有所不行。知和而和。不以礼节之，亦不可行也。"

The Rites and Harmony

Youzi said,"The most valuable use of the rites is to achieve harmony. In harmony lies the most beautiful of the ways of the former sage kings. Whether they dealt with important or unimportant things, they started from harmony. But there may be places where this principle does not work: pursuing harmony because one knows of it without regulating it with the rites is not feasible. "

---

① 出自《论语·学而》。

恭而无礼则劳①

子曰："恭而无礼则劳，慎而无礼则葸，勇而无礼则乱，直而无礼则绞。君子笃于亲，则民兴于仁；故旧不遗，则民不偷。"

The Rites and Other Virtues

Confucius said, "Unless guided by the rites, one may be fatigued if one is reverent, timid if cautious, rebellious if brave, and offensive if straightforward. If those in high position are sincere and affectionate to their parents and relatives, in the common people there will arise humane feelings; if they do not forget their former friends and colleagues, the common people will not be hardhearted."

---

① 出自《论语·泰伯》。

项目五

审美的倾向
——中国传统服饰文化

文化通识

一、中国传统服饰的起源

(一)起源之说

由于服饰的起源是服饰史研究中无法回避而且必须首先回答的问题,因此,中外学者对此进行了大量的研究,提出了许多不同的观点。归纳起来,有以下八种。

(1)"身体保护"说。这种观点认为服饰是出于人们保持体温、保护肌体不受外部东西的损伤和防晒的需要而产生的,这是目前在国内影响最大的一种观点。

(2)"遮羞"说。这种观点认为人类出现以后,由于其区别于其他动物,产生羞耻感,出于对自身身体隐秘部分避免外露的需要而产生服装。

(3)"图腾"说。因原始社会的人认为某种动物或自然物与本氏族有血缘关系,故将其作为氏族的标志,而为了显示这种标志,遂将其表现于身体之上,从而产生服装。

(4)"装饰"说。这种观点认为服装是出于装饰身体的需要而产生的。

(5)"纽衣"说。纽衣即把披挂于身体的饰物联结起来,以防止脱落,从而产生服装。

(6)"特殊"说。这种观点认为人们穿衣服是想向别人显示自己的优越性、身份和地位,从而产生服装。

(7)"共性"说。即想与他人共有,从而产生服装。

(8)"伦理"说。为区分氏族氏系而产生服装,使其成为氏族的标志。

上述八种观点,粗看起来都不无道理,"身体保护"说、"遮羞"说、"装饰"说、"纽衣"说、"特殊"说、"共性"说,从今天服饰的实用性来看,都还具有一定的道理;而关于"图腾"说和"伦理"说,在人类产生的初年,由于认识水平的低下,从有关远古历史的文献材料和考古发掘情况来看,这种情况是十分盛行的,服饰确实有助于满足人们当时的精神需要。

(二)起源解码

服饰的起源除了最初的御寒原因,在从猿到人的转变、进化过程中,由于人自身同自然界不断作斗争,渐渐地发现了服饰的其他功能,比如劳作时护体。到后来,随着人们认识水平的提高、思维的发展,服饰的形式也就日益追求实用、美观了。

正因为服饰的产生经历了一个过程,而且由最初的单一功能发展到后来的多重功能,从而为人们研究服饰的起源提供了思索余地。下面我们便对两种主要流行的观点进行简单的剖析。

第一，关于服饰源于"遮羞"说。从人类的起源来说，由于人是从猿演变过来的，因此原始人的生活在很长一段时间里是与动物相同或相似的。伦理道德出现之后，除了观念确立之外，人们还在行为方面进行了约束和限制。因此，遮体的需要就在服饰的发展中起到了十分重要的作用。防寒的需要具有时间性，一旦寒冷季节过去，服饰也就脱下来了，而遮体的需要使服饰成为生活中的必要物资。

第二，关于服饰起源的"图腾"说。据人类学家和民族学家研究，原始社会的每个氏族部落都有自己的图腾。这些图腾多是一些动植物或者氏族认为是自己特有的东西。一方面氏族部落成员认为本氏族在发展中与这种动物、植物有着密不可分的依存关系，甚至认为自己的部落就是由所崇拜的图腾逐渐演变而来的，另一方面，氏族把成员所认定的图腾作为本氏族区别于其他氏族的标志，将其佩戴在身上，以便在氏族之间发生冲突时或在其他活动中将本氏族成员与其他氏族成员区别开来。

服饰的最初功能，是其可以包容图腾的某些特征，所以，它除了直接作为图腾的形式之外，对于一些氏族来说还可以将其图腾附于服饰之上，从而使服饰的改进有了某种可能，即服饰款式、图案的演变。

二、中国古代服饰的演变与礼制

(一)远古时期

在遥远的古代，人类穴居野外，过着原始生活。那时，人们只知道用树叶草葛遮挡烈日，防御虫蛇的啃咬、风雨的侵袭，保护身体，或者是为了猎获野兽，把自己伪装成猎物的模样，如头顶兽角、兽头，身披动物皮毛，臀后拖着长长的兽尾，以便靠近目标，提高狩猎效果。后来，人类才逐渐懂得用猎获的赤鹿、斑鹿、野牛、羚羊、狐狸、貛、兔等野兽的皮毛把身体包裹起来御寒保暖，即古人所谓的"衣毛而冒(覆盖)皮"(《后汉书·舆服志》)。当然，人类这些最初用以遮体的兽皮、树叶或用作伪装的兽角、兽头、兽尾，还只能说是服饰的雏形。到了人类学会磨制骨针、骨锥及缝制衣服的时候，人类的服饰才脱离萌芽状态。这从旧石器时代的周口店山顶洞人、山西朔县峙峪人和河北阳原虎头梁人等遗址发掘出的各种由兽骨制成的骨针、骨锥可以得到有力的证明。这些骨针和骨锥虽然远不如今日的钢针、钢锥那般锋利，但以骨针针孔之细小、针体之短小圆滑及骨锥之尖锐，就当时的打磨水平而论，已经是相当精巧的了。

在山顶洞人的遗址及许多古墓葬中，还发掘出不少用天然美石、兽齿、鱼骨、河蚌和蚌壳等打制、研磨和钻孔串联而成的头饰、颈饰和腕饰等装饰品。它们大小不一，有圆有扁，尽管今天看

来很粗糙,但足以说明原始人类已懂得佩戴饰物以表示对渔猎胜利的纪念并美化自己。

五六千年前,中国原始社会的母系氏族社会步入繁荣阶段,原始的农业和手工业开始形成。人们逐渐学会将采集到的野麻纤维提取出来,用石轮或陶轮搓捻成麻线,然后再织成麻布,做成更进一步适应人体要求的衣服。这是人类服饰发展史上一个崭新的开端,也是人类社会进步的一个重要标志。

中国饲养家蚕和纺织丝绸是相当早的。历史上就流传着"伏羲氏化蚕桑为穗帛"(《皇图要览》)、黄帝原配妻子嫘祖西陵氏"始教民育蚕,治丝茧以供衣服"(罗泌《路史》)等传说。考古发掘表明,在新石器时代,人们已将蚕蛾驯化家养,并能织出较为精细的丝织物。到了殷商时期,养蚕已很普遍,人们已熟练地掌握了丝织技术。随着织机的改进、提花装置的发明,人们已能织出除平纹织法外的畦纹和文绮织法的丝绸,加上刺绣与染彩技术的逐渐成熟,服饰也日益考究。史载,商纣王一次就赏赐给 300 名宫女大量丝织品,足以说明当时养蚕、取丝的盛行,丝绸业已具相当规模。

衣服的样式是从简单到繁复发展的。最初的衣服极其简单,在寒冷的北方,人们往往不分男女老少都披一件完整的兽皮。后来把兽皮中央穿个洞,或在兽皮的一端切个凹口,就形成了名为"贯头衣"或"斗篷"的最早的衣服。在气候温暖的地带,人们最初只是用一块方布把下身围起来,这就是裙子的雏形,它很像今天我国西南少数民族所穿的筒裙。

衣服分上下,又是较晚些的事。一般来说,背心、套袖、套裤出现较早。当人们将背心、套袖、套裤和遮羞布连缀起来时,也就

出现了上衣和下衣。

帽子和鞋是伴随衣服而产生的。人们最初把一片树叶或树皮顶在头上以避免烈日的炙烤、雨水的浇淋，这就是帽子的雏形。后来才逐渐发展为用兽皮或布帛裹头。人们用树皮或兽皮裹脚以防备荆棘碎石，抵御冰雪严寒，这就是鞋的雏形。后来才由裹脚之物逐渐发展为鞋。

(二) 夏商周时期

夏商周时期，中原华夏的服饰是上衣下裳，束发右衽。河南安阳出土的石雕奴隶主雕像，头戴扁帽，身穿右衽交领衣，下着裙，腰束大带，扎裹腿，穿翘尖鞋。这大体反映了商代服饰的情况。周初制礼作乐，对贵族和平民阶层的冠服制度作了详细规定，统治者以严格的等级服装来显示自己的尊贵和威严。深衣和冕服始于周代，这两种服制，对后世都产生了深远的影响。

进入阶级社会以后，我国的服饰与社会的经济基础、政治制度、思想意识、风尚习俗、审美观念等的关系越来越密切。它的发展与演变，总要受到各种社会条件的影响和制约。例如，由于人们在财富的占有上开始变得不平衡，财富的意识、观念甚至崇拜逐渐形成，使得人们的服饰观念也有了改变，在服饰的美中又注入了富贵与贫贱的色彩。

中国的冠服制度在夏商时期初步确立，至周代已趋于完善。在此之前，古代男子一般都是长发披肩，或稍加系束，或梳成辫发，头戴冠巾。只有犯人才剃去头发。古代妇女的发式，与男子大体相同。夏商周时期，冠服制度已成为体现统治阶级意志、分别

等级尊卑的东西，标志着权力、等级的冕服和官服以及各种饰品逐渐成为服饰发展的主流。到了东周(春秋战国)时期(公元前722—公元前221)，冠服制度则进一步纳入"礼治"范围，成为礼仪的表现形式，充分反映着封建的等级制度。《周礼》规定，举行祭祀大典或朝会时，王和百官必须身着冕服或弁服，它的具体形制因穿戴者身份的尊卑贵贱不同而各有差异。这个时期服装的主要形式是上衣下裳制。上衣大多为小袖，长到膝盖，下裳为前后分制，两侧各有一条缝隙，腰间用绦带系束。

战国时期，服饰发生了明显的变化，这就是"深衣"和"胡服"的出现。深衣是将原有的上衣和下裳缝合在一起的衣服(有些像后世的连衣裙)，因"被于体也深邃"(意思是遮蔽身体的面积大，见《礼记·深衣》)而得名。胡服是我国北方少数民族的服装，它一般由短衣、长裤和靴组成，衣身紧窄，便于游牧与狩猎。赵武灵王为强化本国军队，在中原地区首先采用胡服作为戎装。由此，穿胡服一时相沿成风，形成了中国古代服饰史上第一次大变革。

(三)秦汉时期

汉初承秦制，大体沿袭，直至东汉明帝时，始参照三代与秦的服制，确立了以冠帽为区别等级的主要标志的冠服制度。服饰整体呈现凝重、典雅的风格。秦汉时期男子主要穿着一种宽衣大袖的袍服，基本上分为曲裾与直裾。前者即战国时的深衣，后者又称襜褕，除祭祀、朝会外，其他场合均可穿着。汉代服饰还有一个特点是实行佩绶制度。汉代妇女礼服是深衣，还有穿襦裙和裤，这种裤有点像现代的套裤，仅两只裤管。她们一般都将头发往后

梳，绾成一个髻，样式名目繁多，不可胜举。贵族妇女头上还插步摇、花钗作装饰，奴婢则多以巾裹头。汉代的鞋也有严格的等级规定。

(四)魏晋南北朝时期

魏晋南北朝时期的服饰，受到社会政治、经济、思想等方面的显著影响，由魏晋的仍循秦汉旧制，发展到南北朝时期各民族服饰的相互影响、相互吸收、渐趋融合，从而形成了中国古代服饰史上的第二次大变革。这一时期的服饰主要以自然洒脱、清秀空疏为特点。当时，一些少数民族的统治者受到汉文化的影响，醉心于褒衣博带式的汉族服饰，开始穿着汉族服装；同时，在北方少数民族迁居中原、民族杂处的情况下，广大汉族人民也逐渐穿起少数民族的服装。从此，原有的深衣形制在民间逐渐消失，胡服开始盛行。用巾帛包头，是这个时期的主要首服。较为流行的是一种在小冠上加笼巾的"笼冠"。这个时期汉族男子的服装主要是袖口宽大、不受衣祛(袖口)约束的衫。少数民族男子的服装主要是紧窄的裤褶和裆。汉族妇女的发饰也颇具特点，主要是假髻的风行。汉族妇女的服装初承秦汉旧制，后有所变化，衣衫多为对襟，下着长裙，腰束帛带。少数民族妇女除穿衫裙外，还穿裤褶和裆，与男子几乎没有区别。

(五)隋唐时期

隋唐时期，由于政治和经济的稳定和繁荣，其能上承历史服饰之源头，下启后世服饰制度之经道，所以，这一时期成为汉族

服饰制度发展的重要历史时期。男子的常服为幞头、袍衫、长鞠靴。但此时的袍衫与前朝略有不同，式样为圆领、右衽、窄袖、领袖裾无缘边。此外，还有襕袍衫和缺胯袍衫等式样。

唐代服饰承上启下，"法服"与"常服"并行。法服是传统的礼服，包括冠、冕、衣、裳等；常服又称"公服"，是一般性的正式场合所穿的衣服，包括圆领袍衫、幞头、革带、长筒靴。"品色衣"至唐代已形成制度。平民则多穿白衣。唐代妇女的髻式繁复，还有在髻鬟上插金钗、犀角梳篦的。贵族妇女的面部化妆成"额黄""花钿""妆靥"等。唐代女服主要为裙、衫、帔。由于唐代处于我国封建社会的鼎盛时期，在文化交流中采取广采博收的政策，对西域、吐蕃的服饰兼收并蓄，因而"浑脱帽""时世妆"得以流行。贵族女服呈现出以展示女性形体和气质美的薄、露、透为特点的中国封建社会绝无仅有的现象。

(六)宋代

宋代的服饰，大体沿袭唐制，但在服装式样和名称上略有差异。宋代的缺胯袍衫式样有广袖大身和窄袖紧身两种。穿褙子和半臂的习惯极为普遍，但都不能作为礼服穿用。总的来说，宋代的服饰比较拘谨保守，色彩也不及以前鲜艳，给人以质朴、洁净、淡雅之感，这与当时的社会状况，尤其是程朱理学的影响，有密切关系。皇帝与达官显宦戴展脚幞头，公差、仆役等戴无脚幞头，儒生戴头巾。宋代男子服装仍以圆领袍衫为主。官员除祭祀朝会外都穿袍衫，并以不同的颜色区分等级。宋代妇女的发式以晚唐盛行的高髻为贵，簪插花朵已成风习。宋代的女裙较唐代窄，而

且有细褶，"多如眉皱"；衫多为对襟，覆在裙外。

（七）明代

明立朝不久，就下令禁穿胡服，恢复了唐代的衣冠制度，所以明代又重新出现了法服与常服并行的状况。明代的法服与唐制大体相同，只是将进贤冠改成了梁冠，并增加了忠静冠、保和冠等冠式。明代官员戴乌纱帽，穿圆领袍。袍服除有品色规定外，还在胸背缀有补子，并以补子上所绣图案的不同来表示官阶的差异。出于强化中央集权的需要，等级限制之严格成为明代服饰的一大特点。读书人多穿直裰或曳撒，戴巾；平民则穿短衣，戴小帽或网巾。明代妇女的髻式也很多，而且常在额上系兜子，名"遮眉勒"；所着衣裙与宋元近似，但内衣有小圆领，颈部加纽扣；衣身较长，缀有金玉坠子，外加云肩、比甲（大背心）等。

（八）清代

清代的服饰对近现代服装形式影响略大，影响较大的是全面现代化的西方服饰。清代与以往任何朝代不同，清朝弊政"剃发易服"的实施导致汉族服饰作为日常服饰在清朝淡出历史舞台（但是个别地方例如屯堡等偏远山村以及佛道宗教保留了汉服服饰并艰难地存活下来）。清代服饰分男女两大类，第一类为女子服饰，因为"剃发易服"遇全国反抗比较大，所以清代统治者改变策略实行"男从女不从"的策略，女子衣服渐渐改为满服化的服饰；第二类为男子服饰，可分为两种：满族民族服装和外来西洋服装。清代袍的式样，是在满族传统基础上加以变化，并吸取汉族服装特点。

一般袖子比较窄瘦，礼服是箭袖，又称马蹄袖。袍身用纽扣系结。右衽大襟，圆领口。皇室的袍有前后左右四开气，而士庶男子只能在左右开气。马褂是清朝特有的满式服装。它式样多为圆领，有对襟、大襟、琵琶襟等式样，有长袖、短袖、大袖、窄袖之分，但均为平袖口。

这一形制流行了 200 多年，至武昌起义的枪声划破长空，辛亥革命发生，男性才纷纷抛弃长袍马褂、剪掉长辫而着起中山装或西装，妇女蜂起剪去长发，穿起西洋化的旗袍、长不过膝的裙装，从而掀起了中国服饰史上又一次更大的变革。服饰的发展重新回到了一个自由的状态。

三、中国的民族传统服饰

(一)民族服饰文化

中国是一个多民族国家，千万里山河的滋养，各民族智慧的创造，成就了中华"衣冠之国"博大精深的服饰文化。服饰是人类特有的劳动成果，生活习俗、审美情趣、色彩爱好，以及种种文化心态、宗教观念，都积淀于服饰之中。

绚丽多姿的少数民族服饰有着悠久的发展历史，是中华服饰的重要组成部分。其纷繁的款式，精湛的工艺，多彩的民俗，不断丰富装点着各族人民的生活，成为中华大地一道亮丽而绵延流长的文化景观，而蕴藏其间的各民族的生活情趣、审美观念、婚姻道德、宗教信仰以及工艺技术等服饰元素，则体现了多民族的文化交融，成为认识东方文明独特形态的又一途径，是研究中华民族深厚文化内涵的宝贵资源。

中国服饰如同中国文化，是各民族互相渗透及影响而生成的，在中国这片广袤的大地上，56 个民族劳动创造，生生不息。尤其是近代以后，大量吸纳与融合了世界各民族外来文化的优秀结晶，才得以演化成整体的所谓中国以汉族为主体的服饰文化。中华民族多姿多彩的服饰，品种之多、款式之奇、色彩之艳、花样之繁，无不让人惊叹，成为中国历史长河中一颗颗璀璨夺目的星星，一直闪闪发光。

(二)表现形式

中华民族服饰绚丽多彩，精美绝伦，各具特色，它是各民族优秀历史文化的重要组成部分。

服饰制作的原料、纺织工艺，以及样式、装饰都保持着鲜明的民族和地区特色。以捕鱼为主要经济生活的赫哲族早年曾以鱼皮为衣；曾长期从事狩猎的鄂伦春族、鄂温克族等民族以狍皮兽筋缝制衣服；经营畜牧业的蒙古族、藏族、哈萨克族、柯尔克孜族、裕固族等，穿戴多取诸牲畜的皮毛；从事农业的民族则以当地出产的棉麻丝为原料，纺织布帛丝绸，缝制衣服。

民族服饰的纺织、鞣皮、擀毡等工艺，有着悠久的历史。如黎族的木棉布、藏族的氆氇、维吾尔族的爱得丽丝绸、鄂伦春族的皮毛制品等素负盛名。

中华民族服饰款式纷繁，各自有异。大体上有长袍和短衣两类。穿袍子的民族一般戴帽蹬靴，穿短衣的民族多缠帕着履。袍子形式也多种多样，有蒙古族、满族、土族等民族的高领大襟式，有藏族、门巴族等民族的无领斜襟式，有维吾尔族等民族的右斜襟式等，还有坎肩式长袍。短衣有裤和裙之别。

裙子款式有百褶裙、筒裙、短裙、连衣裙等。无论是袍、衣、裙还是裤，不同的民族在结构、工艺、风格等方面都有差别。同是高领大襟袍，有开衩和不开衩的，有前后开衩和周围镶边的，黎族、傣族、景颇族、德昂族等民族妇女都穿筒裙，但黎族为棉制锦裙、景颇族为毛织花裙、德昂族为横条纹裙，而傣族多为市购布料裙。

127

民族服饰不仅民族与民族之间存在着明显的区别，就是在民族内部，不同支系、不同地区也都有明显的差异。省与省之间，县与县之间，以至于寨与寨之间都有差别，如百花齐放，千姿百态。服饰是民族最显而易见的标志，历史上曾因服饰不同赋予了很多民族各种地方性的名称。

在中国这样一个地域辽阔、民族众多的国度，由于经济生活、文化素养和自然环境、地理气候的差异，从而导致民族服饰的多种多样，应该说这是民俗服饰的特点之一。中国少数民族的刺绣、蜡染等工艺相当发达，被广泛用于服饰装饰上，是民族服饰的又一特点。刺绣是各民族普遍喜爱的工艺，一般运用在头巾、腰带、围裙以及衣襟、环肩、下摆、袖口、裤脚、裙边等易损部位，既起装饰作用，又有实用价值。刺绣包括桃花、补花、绣花等多种工艺，绣花的手法有平绣、编绣、结绣、盘绣等，花纹图案有自然景物、吉祥图案和几何纹样等。

(三) 文化特点

中华民族的服饰文化具有下列五个方面的一般性特点：

(1) 我国民族种类繁多，分布广阔，且广大少数民族地区长期以来交通不便，互相交流困难，因而民族服饰多姿多彩，服饰文化内容丰富，有取之不尽的服饰资源。

(2) 由于自然环境的差异和民族风俗习惯、审美情趣的不同，中国少数民族服饰显示出北方和南方、山区和草原的巨大差别，表现出不同的风格和特点。

(3) 由于各种历史的、地理的、政治的、经济的原因，中国的

各民族直到 20 世纪中期仍处于不同的社会发展阶段和相应的生产力水平上，由此而带来的差异十分深刻，至今仍未能完全克服，因而少数民族服饰中所表现出来的文化内容具有明显的层次性。

（4）中华民族服饰面临着社会全面现代化进程的冲击和改革的要求，一些传统服饰已经发生变化，因此，一方面要抢救服饰资源，另一方面要有目的、有组织、有计划地引导服饰改革，努力做到既保持服饰的民族传统和文化特色，又能适应现代化的生产和生活需要。

（5）中华少数民族服饰文化长期以来缺乏科学而系统的研究，期盼着理论总结、理论概括、理论积累和理论突破。

（四）价值观念

民族服饰是民族文化的重要载体之一，折射出各民族多元的审美价值观，并蕴含着各民族不同的道德价值观。

中国各民族在生产劳动过程中，为求自身的生存和发展，以顽强的意念和卓越的智慧，创造了独具中国特色的服饰文化。经过历代的不断积累、融合、演变、创新，日趋缜密，逐渐形成了中华民族独具民族个性和文化传统的中国服饰文化，充分展现了中华民族的价值观念和精神风貌。中国是衣冠大国，以"衣冠王国"享誉天下，各少数民族更是以其灿烂多彩、风格迥异的服饰，书写了中华服饰绚丽辉煌的华彩篇章。服饰是民族文化的重要载体。人们一般都把风格不同的民族服饰看作不同民族的重要标志，甚至视为某种意义上的"族徽"。

服饰是一个国家民族文化的重要组成部分，是区别族群的标

志，它与社会文化的发展不可分割。民族服饰以其独特的背景、特点、文化内涵和审美意识形态，充分揭示了蕴藏在民族服饰中的民族历史、文化传统、价值取向、审美情操和精神追求等深层次的寓意。中国各民族的着装，由于地理环境、气候、风俗习惯、经济、文化等原因，经过长期的发展，形成不同的风格，五彩缤纷，绚丽多姿，并具有鲜明的民族特征。

四、中国传统服饰文化的内涵

（一）中国传统服饰的社会作用

中国传统服饰积淀了人类知识、经验、信仰、价值观、物质财富、社会角色、社会阶层结构等一切文化层面和因素，是各民族精神生活和物质生活的结晶，是文化财富和文明的体现，并构成了中华传统服饰的主要内容，是中华民族丰富的文化资源的一部分。我们看到，中国传统服饰的传承发展不是封闭的、孤立的，而是随着我国多民族国家的形成而发展的，随着各民族经济文化交流的增加而丰富的。因此，中国传统服饰对整个中华民族社会和文化的研究、地区史的研究以及现代发展的研究，都是不可缺少的珍贵资料，并具有重要的社会和文化价值。

（二）中国传统服饰的文化价值

服饰是人类生活不可或缺的必需品，"衣、食、住、行"是人类物质生活的四大要素，而"衣"摆在了四位之首。在人类发展的历史长河中，服饰起到了文明启蒙的作用。同时，服饰又是人类文化的重要组成部分，反映着人类文明进化的过程，凝聚着人类精神文化的成果。因此，中国传统服饰对于了解人类社会物质文明与精神文明的发展历程，具有十分重要的价值。

中国传统服饰在地方人文研究中具有重要价值。"人文"是指

人类的各种文化现象，传统服饰在地方人文方面内容广泛、丰富多彩，对人文科学的研究具有重要参考价值。传统服饰在一定程度上反映了地区的地理、历史、政治、经济、艺术、审美等方面的人文状况，同时，也是地方性综合学科研究的珍贵资料。在漫长的历史岁月中，心灵手巧的各民族人民在创造民族历史的同时，也在开创着自己的生活。如一条花裙子绣着一段古老的歌谣，寓意着一个动人的传说；一顶帽子的花纹象征着吉祥美好；一条腰带、一段织绣，表现出许多历史文化故事。有的反映祖先崇拜、讲述传统的故事；有的表现民族大迁徙的征程等千古流传的民族历史故事和神话诗篇等，人们在传统服饰中留下了历史和文化的印记。

中国传统服饰能够加深各民族对其历史文化的认同感。传统服饰秉承着本民族优秀的文化传统，服饰作为民族文化的外在表现，不仅具有御寒、遮体、象征和装饰等功能，还反映了一个民族的内心世界和精神崇尚。现今需要重新激发人们对本民族优秀的传统文化的自豪感和认同意识，重塑弘扬和振兴民族优秀文化的氛围。作为民族文化的重要组成部分，传统民族服饰凝聚着深厚的民族感情，因此许多民族在传统节庆、婚嫁等重要活动时仍身着民族盛装。在民族地区，经济的发展并不是衡量民族发展的唯一标准，只有民族的文化自觉意识才能使他们保护和传承本民族的文化特征，认识到实现民族文化振兴的重要性，给后世留下永恒的精神财富。

总而言之，对中国传统服饰的研究和保护，有利于弘扬优秀民族服饰文化，进一步发挥普及传统文化知识的作用，使传统文

化得到持续传承；有利于树立民族自信心，激发民族文化自豪感与文化自觉意识，使人们主动去维护优秀的文化传统。同时，有利于增强国家意识和民族团结意识，增强中华各民族的凝聚力。

文以载道

经典选读

诗经·秦风·终南

终南何有①，有条有梅②。

君子至止③，锦衣狐裘。

颜如渥丹④，其君也哉。

终南何有，有纪有堂⑤。

君子至止，黻衣绣裳⑥。

佩玉将将⑦，寿考不忘⑧。

【注释】

①终南：终南山。

②条：楸树。梅：梅树。

③君子：指秦襄公。止：停息。

④渥：湿润。丹：一种红色石，可以做染料。

⑤纪：通"杞"，杞树。堂：通"棠"，棠梨树。

⑥黻(fú)衣：绣有黑青花纹的古代礼服。绣：用彩色的丝、绒、棉线在绸或布上做成花纹图案。

⑦将(qiāng)将：同"锵锵"，佩玉撞击的声音。

⑧寿考：长寿。

【译文】

终南山上有什么？既有山楸又有梅。君子车马来终南，锦衣狐裘真气派。面有光泽似涂丹，秦国君主有风范。终南山上有什么？既有枸杞又有棠。君子车马来终南，黻衣绣裳真气派。身上佩玉叮当响，长寿永远不要忘。

【评析】

这是一首赞美和劝诫秦君的诗。作者以终南山的暗喻褒扬了秦君尊贵的身份，借助对外貌、服饰的描写，赞美了秦君的君子品德，并劝诫秦君永远不要忘记周天子之赐，期望秦君修德爱民，成为一个有作为的称职国君。

论语·乡党(节选)

君子不以绀緅饰①，红紫不以为亵服②。

当暑，袗絺绤③，必表而出之。

缁衣④，羔裘⑤；素衣麑裘⑥，黄衣，狐裘。

亵裘长，短右袂⑦。

必有寝衣⑧，长一身有半。

狐貉之厚以居。

去丧，无所不佩。

非帷裳⑨，必杀之⑩。

羔裘玄冠不以吊。

吉月⑪，必朝服而朝。

【注释】

①绀(gàn)：青中透红的颜色。饰：衣服的镶边。

②红：绯色。亵(xiè)服：非正规场合所穿的便服。

③袗(zhěn)：单衣，此作动词用，意为单穿。絺(chī)：细葛布。绤(xì)：粗葛布。

④缁(zī)：黑色。

⑤羔裘：黑羊皮裘。

⑥麑：小鹿，毛白色。

⑦袂(mèi)：袖子。短右袂：把右边的衣袖做短些，便于

做事。

⑧寝衣：睡觉所用的小被。

⑨帷裳：用整幅布所做的礼服。

⑩杀：裁去。

⑪吉月：指初一(朔)，一般这一天必须举行朝会。

【译文】

孔子不用深青透红的颜色和绛红色镶衣领边，不用红色和紫色做居闲衣服。夏天穿粗或细的葛布单衣，而且里面还要衬上内衣才外出。冬天穿羔皮袄配黑色罩衫；穿麑皮袄配白色罩衫；穿狐裘要配黄色罩衫。在家闲居时穿的皮袄长一些，右边的袖子短一些。睡觉要有小被，超过身体长度的一半。用狐貉的厚毛当坐垫。除了丧服外，都要佩戴玉等装饰品。不是上朝和祭祀时穿的衣服，一定要先裁去多余的布，省工省料。不穿羔皮袄和礼帽去吊丧。每月初一，一定穿上朝服去朝拜。

【评析】

本文节选自《论语·乡党》，记载了孔子穿衣服的规矩，体现了孔子顾及礼仪的缜密考虑。例如，天青色是斋服的颜色，黑红色是丧服的镶边，所以不能用来做常服；红色、紫色不是正色(古代以纯色为正色，杂色为间色)，而且是女子服装的常用色，所以不能用来做便服。又例如，粗、细葛布的单衫比较"透"，作为家居的便服无伤大雅，但外出就显得不庄重，所以必须在里面衬上内衣。着装打扮体现着一个人的品位和精神面貌。穿衣一定要符合礼仪要求，在不同的场合要穿不同的衣服，还要考虑到自己的

137

身份、职业等。现在有些人穿衣喜欢标新立异，常常冬衣夏穿，夏衣冬穿，并不顺应季节变化；也有些人只追求奢华品牌，违背了俭朴的原则。这些都是值得我们现代人深思的问题。

美德故事

芦衣顺母

　　闵子骞小的时候，他的母亲就因病去世了，他失去了母亲的疼爱和呵护，生活非常凄苦。父亲为了找个人照顾他，又娶了一位女子。刚开始时，闵子骞的继母对闵子骞非常好。可是继母的两个儿子出生后，情况就发生了改变——继母只顾疼爱自己的孩子，开始不把闵子骞放在心上，但闵子骞毫无怨言。冬天来了，继母给自己生的两个亲生儿子做的棉衣里塞满了保暖的棉花，而给闵子骞的衣服夹层里塞添的却是芦花。添了芦花的衣服看起来很蓬松，但是不保暖，只要西北风一刮，闵子骞被冻得瑟瑟发抖。

　　一天，父亲要去集市上购买货物，就让闵子骞去驾马车。一

路上迎着呼呼的寒风，闵子骞冻得瑟瑟发抖，手脚不听使唤，一不小心，把驾车的马鞭掉在了地上。父亲十分气愤，一边下车大声斥责，一边捡起马鞭抽打闵子骞。马鞭打破了闵子骞的棉衣，芦花从衣服里面飞了出来。父亲看见后，很是吃惊。知晓了事情的真相后，父亲气得掉下了眼泪。

回家后，父亲挥笔写了一纸休书，要将妻子休掉。妻子知道事情败露，非常害怕，就跪在地上认错。可是闵子骞的父亲非常恼怒，一定要把妻子休掉。就在这时，闵子骞也跪了下来，对父亲说："孩儿求父亲饶了母亲吧，要是把母亲休了，这个家就不算是家了。再说母亲在的时候，就我一个人冷，要是母亲离开了，那么三个孩子都会没有衣服穿。"父亲被闵子骞的一番言语打动了，打消了休妻的念头。继母听了闵子骞的话，万分惭愧，悔恨知错，从此像对待自己的亲生儿子一般对待闵子骞。

后来，闵子骞成为孔子的弟子，位列七十二贤人，贤德誉满天下。孔子曾经夸赞闵子骞"上事父母，下顺兄弟，一举一动，尽善尽美"。闵子骞作为我国古代的先贤人物，一直受到后人的推崇。

东坡巾

　　"东坡巾"是著名的头饰之一。《三才图会》中写道："东坡巾有四墙，墙外有重墙，比内墙少杀，前后左右各以角相向，着之则有角，介在两眉间，以老坡所服，故名。"这说的是，东坡巾的主体是个高桶，有四个角；在高桶之外有围墙，要比高桶低一些；高桶的前后左右各有角，戴的时候一定要有一只角处在两眉之间。据说唐末就有这种帽子，也称为乌角巾，因苏轼改良并经常戴而被称为东坡巾。

　　关于东坡巾的记载有许多，《西园雅集图》所绘的苏轼正是戴着这种帽子。东坡巾的使用从宋代一直延续到明代。南宋胡仔《苕溪渔隐丛话》引《王直方诗话》："元祐之初，士大夫效东坡，顶短

141

檐高桶帽，谓之子瞻样。"南宋洪迈《夷坚志》中说："人人皆戴子瞻帽，君实新来转一官。门状送还王介甫，潞公身上不曾寒。"苏轼被贬到岭南还改良过一种斗笠，因为当地阳光炽热，他在斗笠边沿加了一圈布帘遮挡阳光，这种斗笠被称为东坡帽。后来苏轼被贬到更远的儋州（今海南省儋州市），他还用椰子壳做成帽子，为此还写了一首诗《椰子冠》："天教日饮欲全丝，美酒生林不待仪。自漉疏巾邀醉客，更将空壳付冠师。规模简古人争看，簪导轻安发不知。更著短檐高屋帽，东坡何事不违时。"

传言，东坡巾是苏东坡在监狱里制作的，因为他身为囚犯，不能再穿戴官服，所以制作了一款新的巾。当然，苏东坡的真实意图已无从知晓，那个时代的审美也跟现在不同。现代人确实不容易看出这顶东坡巾有什么过人之处——不过是外圆内方、中规中矩嘛。但，真是这样吗？东坡巾的形状，其高桶很高并且方方正正，这个内桶象征了苏东坡本人，方正、高耸、棱角正对前方；在高桶之外有一圈围墙，像是想要禁锢住苏东坡的监狱，但苏东坡的豪放个性和旷世才华怎会被一圈围墙所禁锢？于是，围墙被高桶撑破，形成了缺口，仿佛是他的思想冲破牢笼。这样理解，未必是苏东坡的本意，但却让我们看到苏东坡的才情、风骨、灵性、智慧。东坡巾反映的是一种洒脱达观的生活态度。

回望历史，我们也许能够明白祖先们在他们所处情境之下的选择动机，以及选择所带来的文化影响。

金缕衣

佚名

劝君莫惜金缕衣，

劝君须惜少年时。

有花堪折直须折，

莫待无花空折枝。

Cloth of Gold

I advise you not to cherish cloth of gold,

But to honor the days of youth.

When flowers bloom they need be plucked:

Wait not to grasp in vain at empty twigs.

游子吟

孟郊

慈母手中线，游子身上衣。

临行密密缝，意恐迟迟归。

谁言寸草心，报得三春晖。

Song of the Parting Son

Meng Jiao

From the threads a mother's hand weaves, a gown for parting son is made.

Sown stitch by stitch before he leaves, for fear his return be delayed.

Such kindness as young grass receives from the warm sun can't be repaid.

无衣①

岂曰无衣？与子同袍。

王于兴师，修我戈矛，与子同仇。

岂曰无衣？与子同泽。

王于兴师，修我矛戟，与子偕作！

岂曰无衣？与子同裳。

王于兴师，修我甲兵，与子偕行！

Comradeship

Are you not battle-drest? Let's share the plate for breast!

We shall go up the line. Let's make our lances shine! Your foe is mine.

Are you not battle-drest? Let's share the coat and vest!

We shall go up the line. Let's make our halberds shine! Your job is mine.

Are you not battle-drest? Let's share the kilt and the rest!

We shall go up the line. Let's make our armour shine! We'll march your hand in mine.

---

① 出自《诗经·秦风》。

项目六

多彩的生活

——中国传统饮食文化

文化通识

一、饮文化

（一）茶文化

1. 茶文化的形成与发展

茶文化，从广义上讲，是指人类社会历史实践过程中所创造的与茶有关的物质财富和精神财富的总和；从狭义上讲，着重于茶的人文科学，主要指茶的精神和社会功能。

（1）茶文化的起源

茶的起源可追溯到传说中的三皇五帝时期，但是没有文字记载。西汉著名的辞赋大家王褒在《僮约》中所写的"脍鱼炰鳖，烹茶尽具""牵犬贩鹅，武阳买茶"，应该是目前已知的最早描写饮茶与茶叶交易之事的文字记录。东汉神医华佗在《食经》中记载了"苦茶久食，益意思"，阐述了茶的医学价值。三国魏时《广雅》中最早记载了饼茶的制法和饮用："荆巴间采叶作饼，叶老者饼成，以米膏

149

出之。"

（2）茶文化的萌芽

南北朝时饮茶风气渐盛，随着文人饮茶的兴起，有关茶的诗词歌赋日渐问世。茶文化已经脱离一般的物质文化形态，在精神文化层面也发挥着巨大的作用。

（3）茶文化的形成

公元780年，陆羽著《茶经》，是唐代茶文化形成的标志。其概括了茶的自然科学和人文科学双重内容，探讨了饮茶艺术，把儒、道、佛三教文化融入饮茶中，首创中国茶道精神。之后又出现大量茶书、茶诗，有《茶述》《煎茶水记》《采茶记》《十六汤品》等。

（4）茶文化的兴盛

宋代的茶文化发展兴盛，在文人中出现了专业品茶社团，有官员组成的"汤社"、佛教徒组成的"千人社"等。宋太祖赵匡胤是位嗜茶之士，在宫廷中设立茶事机关，当时宫廷用茶已分等级。至于在下层社会，茶文化更是生机勃勃。民间斗茶风起，带来了采制烹点的一系列变化。

（5）茶文化的普及

此时已出现蒸青、炒青、烘青等各种茶类，茶的饮用已改成"撮泡法"。茶类的增多，泡茶的技艺有别，茶具的款式、质地、花纹千姿百态。到了清代，茶叶出口已成一种颇具规模的行业，茶书、茶事、茶诗不计其数。

2. 茶道与茶德

150　　茶道最早起源于中国，中国人至少在唐或唐以前，就在世界

上首先将茶饮作为一种修身养性之道，唐朝《封氏闻见记》中就有这样的记载："茶道大行，王公朝士无不饮者。"这是现存文献中对茶道的最早记载。

（1）茶道

唐代的茶道流程为造、别、器、火、水、炙、末、煮、饮。宋代为"三点"与"三不点"品茶："三点"即新茶、甘泉、洁器为一，天气好为一，风流儒雅、气味相投的佳客为一；反之，是为"三不点"。明代为"十三宜"与"七禁忌"："十三宜"即一无事、二佳客、三独坐、四咏诗、五挥翰、六徜徉、七睡起、八宿醒、九清供、十精舍、十一会心、十二鉴赏、十三文僮；"七禁忌"即一不如法、二恶具、三主客不韵、四冠裳苛礼、五荤肴杂味、六忙冗、七壁间案头多恶趣。

（2）茶德

茶德不同于茶道，茶道是茶事规范和感受程序，而茶德则是指茶事原则和感受境界。也就是说，茶道重在物象及其过程；茶德则重在精神和体悟，是茶人对茶功用的哲学理解及对茶事活动过程的哲学思考。古往今来，许多茶人对茶德的理解歧异互见，且多与茶道混同。

考察古代茶人对茶功的认识和对茶事的理解，似可将中国传统的茶德概括为"诚""清""真"这三个字，可以称之为"三字真谛"或"茶德三昧"。所谓"诚"，即诚厚——宽厚敦仁之心，诚明——磊落光明之性，诚信——坦荡恪守之操，诚敬——谦敬由衷之行；所谓"清"，即清洁——洁净无尘之物，清静——不染杂俗之境，清廉——廉洁如洗之身，清明——明净云水之心；所谓"真"，即

真情——开诚推心之情，真性——率然无羁之性，悟真——悟解乾坤之谛，归真——返璞清心之界。如此，茶便成了除尘洗浊、养性修身之物，待客交友、布达敬礼之具，清心蜕脱、悟解玄机之阶。

3. 茶艺

（1）煮茶法

煮茶法是直接将茶放在釜中烹煮，唐代以前盛行此法。陆羽在《茶经》中对其做了详细介绍。大体上讲，先将饼茶研碎，然后煮水，当釜中水微沸时加入茶末。茶与水交融，二沸时出现沫饽，沫为细小茶花，饽为大花，皆为茶之精华。此时将沫饽杓出，置熟盂之中备用。继续烧煮，茶与水进一步融合，波滚浪涌，称为"三沸"。此时将二沸时盛出的沫饽浇入釜中，称为"救沸""育华"。待精华均匀，茶汤便好了。

（2）点茶法

点茶法以宋代最为盛行。点茶法不直接将茶放入釜中烹煮，而是先将饼茶碾碎，置碗中待用。以釜烧水，微沸初漾时即冲点入碗。但茶末与水也同样需要交融一体。点花茶法是将梅花、桂花、茉莉花等蓓蕾数枚直接与末茶置于同碗中，热茶水汽蒸腾，茶汤催花绽放，双手捧定茶盏，既可观花开美景，又可嗅花香、茶香。

（3）泡茶法

泡茶法因茶叶种类不同、地区差异而有所区别。但大体上讲，以发茶味、显茶色、不失茶香为要旨，浓淡则因人因地而异。

4. 茶馆文化

茶馆又称"茶坊""茶邸""茶肆"等。茶馆之始，最迟不晚于中唐，《封氏闻见记》的记载是目前最早的史录："自邹、齐、沧、棣，渐至京邑，城市多开店铺，煎茶卖之，不问道俗，投钱取饮。"这说明专一经营的茶馆出现之前，大约还有一个旅店、饭店兼营的过程。但买茶饮应是更早便有其事的："晋元帝时有老姥，每旦独提一器茗，往市鬻之，市人竞买。"（《广陵耆老传》）中唐以后，茶馆遍布于都会镇邑乃至行人辐辏、旅客多经之地，更是史不绝书了。

(二)酒文化

1. 酒的起源与发展

酒文化是在文化层面上进行酒的研究和探索，把酒与历史、文化、经济、科学技术结合起来，集趣味性、资料性、学术性和娱乐性于一身。在几千年漫长的历史过程中，中国传统酒文化呈段落性发展。

（1）启蒙期

由新石器时代的仰韶文化早期到夏朝初年，是中国传统酒文化的启蒙期。用发酵的谷物来泡制水酒是当时酿酒的主要形式。这个时期是原始社会的晚期，先民们无不把酒看作一种含有极大魔力的饮料。

（2）成长期

从夏至秦，是中国传统酒文化的成长期。这一时期，由于酒

153

曲的发明，中国成为世界上最早用曲酿酒的国家。殷商时期，人工酒曲酿酒技术已经成熟，酒的产量和质量得到很大的提高，加上农产品的剩余，为酒的发展奠定了基础。

（3）成熟期

从秦末至北宋，是中国传统酒文化的成熟期。在这一时期，社会对酒的需求越来越大，李白、白居易、杜牧、苏东坡等酒文化名人辈出，《齐民要术》《酒法》等科技著作问世，汉唐盛世及欧、亚、非陆上贸易的兴起，使中西酒文化得以相互渗透，各方面因素促使中国传统酒文化的发展进入了灿烂的黄金时代。

（4）提高期

从南宋至清末，是中国传统酒文化的提高期。由于西域的蒸馏器传入中国，举世闻名的中国白酒诞生了。这一时期，酒精度较高的蒸馏白酒迅速普及。这800多年来，白、黄、果、葡、药五类酒竞相发展，绚丽多彩，而中国白酒则得以深入世间，成为人们普遍接受的饮料佳品。

（5）变革期

公元1840年以后，是中国传统酒文化的变革期。这一时期，西方先进的酿酒技术与中国传统的酿造技艺争放异彩，使中国酒苑百花争艳。竹叶青、五加皮、玉冰烧等新酒种产量迅速增长；传统的黄酒、白酒也各显特色。

2. 酒人、酒礼、酒道、酒令

（1）酒人

154　　《史记》云："荆轲虽游于酒人乎，然其为人沉深好书。"(《史

记·刺客列传》卷八十六)其中首次提及"酒人"。何谓"酒人"？裴骃《史记集解》引徐广曰"饮酒之人"，即好喝酒的人。好喝酒而成习惯，常喝酒而成癖好，以酒为乐，以酒为事，无甚不可无酒，无酒不成其人，言其人必言酒，是可谓"酒人"。由此观之，酒人是一切爱酒、嗜酒者的统称。但中国历史上酒事纷纭复杂，酒人五花八门，绝难统为简单品等。若依酒德、饮行、风藻而论，历代酒人似可略区分为上、中、下三等，等内又可分级，可谓三等九品。上等是"雅""清"，即嗜酒为雅事，饮而神志清明；中等是"俗""浊"，即耽于酒而沉俗流，气味平泛庸浊；下等是"恶""污"，即酗酒无行、伤风败俗，沉溺于恶秽。

（2）酒礼

酒礼是饮酒的礼仪、礼节。中国自古有"酒以成礼"之说。《左传》云："君子曰：'酒以成礼，不继以淫，义也。以君成煽动，弗纳于淫，仁也。'""酒以成礼"，则佐礼之成，源于古俗古义。上古时代，酒产量极少，又难以掌握技术，先民平时不得饮酒。只有在祭祀等重大观庆典礼之时，才可依一定规矩分饮。后世的酒礼多偏重宴会规矩，如发柬、恭迎、让座、斟酒、敬酒、祝酒、致谢、道别等，将礼仪规范融注在觥筹交错之中，使宴会既欢愉又节制，既洒脱又文雅，不失秩序，不失分寸。中国历史悠久，地域辽阔，文化构成复杂，在不同的风俗人情影响下，各时代、各地方、各民族的酒礼有着不同的表现形式和特点。

（3）酒道

中国古代酒道的根本要求就是"中和"二字。"未发，谓之中"，就是对酒无嗜饮，也就是庄子的"无累"，无所贪酒。"发而皆中

节"，有酒，可饮，亦能饮，但饮而不过，饮而不贪，饮似若未饮，绝不及乱，故谓之"和"。和，即平和协调，不偏不倚，无过无不及。这就是说，饮酒要控制在不影响身心、不影响正常生活和思维规范的程度最好，要以不产生任何消极的身心影响与后果为度。对酒道的理解，就不是着眼于既饮而后的效果，而是贯穿于酒事的始终。"庶民以为饮，君子以为礼。"（邹阳《酒赋》）合乎"礼"，是酒道的基本原则。但"礼"并不是超越时空、永恒不变的，随着历史的发展和时代的变迁，礼的规范也在不断变化中。

（4）酒令

酒令也称行令饮酒，是饮酒时助兴劝饮的一种游戏。通常情况是推一人为令官，余者听令，按一定的规则，或划拳，或猜枚，或巧编文句，或进行其他游艺活动，负者、违令者、不能完成者均罚饮，若遇同喜可庆之事项时，则共贺之，谓之劝饮，含奖勉之意。相对而言，酒令是一种公平的劝酒手段，可避免恃强凌弱、多人联手算计人的场面，人们凭的是智慧和运气。酒令是酒礼施行的重要手段。酒令的种类众多，且各有特点，有流觞传花、划拳、掷骰子、猜枚、酒筹、骨牌、游艺、谜语、文戏、拈阄等。

二、食文化

（一）食文化的形成与发展

中华民族是一个具有 5000 余年历史的文明古国，在长期的生产生活中，逐渐形成了自己独特的食文化。中国传统食文化的形成与发展受烹饪器械技艺、地域环境、民族习俗的影响，可以分为 3 个阶段。

1. 形成阶段

秦之前是中国传统食文化的形成阶段。这个阶段，由于国家的重视，农业、养殖畜牧业、手工业发展兴旺，为烹饪创造了优厚的原料物质条件。新型烹调工具、烹饪技艺的出现，标志着茹毛饮血时代的结束，中国传统食文化逐渐形成。在此阶段，许多政治家、哲学家、思想家和文学家在他们的作品中提出了自己的饮食思想，饮食养生理论已现雏形。

（1）烹饪工具

烹饪工具由原来的陶器过渡到青铜器，这是本阶段取得的伟大成就之一。但青铜器并没有彻底取代陶器，青铜器和陶器在人们的饮食生活中共同扮演着重要角色。在夏、商、周三代时期，青铜制成的饪食器和饮食器主要供上层社会使用。饪食器和饮食器形制复杂，种类多样，主要有鼎、鬲、甗、簋、豆、盘、匕等。

（2）烹饪原料

夏、商、周三代时期，农业生产已很发达，粮食作物可谓五谷具备，已有了粟、粱、稻、黍、麦等粮食作物，菲（萝卜）、芥（盖菜）、韭、薇（豌豆苗）、菘（白菜）等蔬菜，以及桃、李、梨、枣、杏等水果。为了满足统治者对美味的需求，当时已经尝试开发和利用调味品，诸如盐、醯（xī 醋）、醢（hǎi 肉酱）、大苦（豆豉）、醷（梅浆）、蜜、饴（蔗汁）等。据《周礼·天官·膳夫》记载，供周王用的酱多达 120 种。

（3）烹饪工艺

随着人们对自然界的认识水平大幅度提高，以及青铜烹饪工具的发明和使用，烹饪技艺在这一时期出现了一次巨大飞跃。

这一阶段，古人们通过长期的饮食生活实践，在烹饪原料方面总结出许多宝贵经验。如《礼记·内则》中就详细记载了对烹饪原料去粗存精的经验："不食雏鳖，狼去肠，狗去肾，狸去正脊，兔去尻，狐去首，豚去脑，鱼去乙，鳖去丑""肉曰脱之，鱼曰作之，枣曰新之，栗曰撰之，桃曰胆之，柤梨曰攒之"等。

三代时期，古人们提出了应根据自身特点及相生相克关系对烹饪原料进行季节性的合理搭配。如《礼记·内则》就强调了要按季节进行配菜："脍，春用葱，秋用芥；豚，春用韭，秋用蓼；脂用葱，膏用薤，和用醯，兽用梅。"

随着陶器向青铜器的过渡以及烹饪原料的增多，古人们的烹饪技艺有了进一步的创新。此时出了潃瀡、煎、炸、熏法、干炒等新的烹饪技艺。《礼记·内则》中有"潃瀡以滑之"之语，意即勾芡，让菜肴口感滑爽。《礼记·内则》中记载的周王室八珍菜肴"炮豚"

的烹饪方法，开创了用炮、炸、炖多种方法烹制菜肴的先例。

（4）食、饮、膳

食，在当时专指主食，如今天所谓米食面食之类。《周礼·天官·膳夫》有"食用六谷"和"掌六王之食"的文字，其中的"食"就是指谷米之食，据郑注，"六谷"为稻、黍、稷、粱、麦、菰，是王者及其宗亲的饭食原料。《礼记·内则》也有"六谷"之说，但是与郑司农所注的"六谷"不同，即"饭：黍、稷、稻、粱、黄粱、白黍，凡六。"并说："此诸侯之饭，天子又有麦与菰。"（见陈澔注《礼记集说》）说法虽不尽同，但从历史的角度来看，谷食称谓不同，往往可以反映出某种谷物的沉浮之变。

饮，其品类在三代之时有很多，在王室中，主要由"浆人"和"酒正"之类的官员具体负责。《周礼·天官·浆人》："掌供王之六饮：水、浆、醴、凉、医、酏。"水：即清水；浆：即用米汁酿成的略带酸味的酒；醴：即一种酿造一宿而成的甜酒；凉：虽为饮品，但当为以糗（炒熟的米、面等干粮）加水浸泡至冷的半饮半食之品，颇似今之北方绿豆糕、南方芝麻糊的吃法；医：即在米汁中加入醴酒的饮品；酏：类似今天的稀粥。六饮是当时王室贵族的杯中之物，平民的"饮"除水以外，都是以"羹"为常。

膳，在周礼中规定士大夫以上的社会阶层于"食"和"饮"的基础上所加的菜肴，又称"膳羞"。膳，即牲肉烹制的肴馔；羞，有熟食或美味的意思。周代食礼对士大夫以上阶层明确规定："膳用六牲。"（《周礼·天官·膳夫》）依郑司农注，六牲，就是牛、羊、豕、犬、雁、鱼，它们是制膳的主要原料。在食礼规定中，膳必须用木制的豆来盛放，《国语·吴语》："在孤之侧者，觞酒，豆肉，

159

箪食。"韦昭注说："豆，肉器。"高亨注说："木曰豆。"不同等级的人在用膳数量上也有区别，《礼记·礼运》："天子之豆二十有六，诸公十有六，诸侯十有二，上大夫八，下大夫六。"天子公卿诸侯阶层一餐之盛，由此可见一斑。《礼记·内则》说："大夫无秩膳。"秩，常也。就是说，士大夫虽也可得此享受，但机会不多。天子公侯才有珍馐错列的排场。

(5) 南北食风

从史料记载来看，三代时期的南北地区的饮食已经形成了各自的风格。如《周礼》《诗经》和《孟子》等记录的饮食就明显具有北方黄河流域的食风，主食是黍、粟之类，副食多为牛、羊、猪、狗之类；而以《楚辞》中《招魂》和《大招》所记录的主食多为稻米，副食多为水产品，至于"吴醴""吴羹""吴酸""吴酪"等以产地为名的饮食更体现了长江流域的食风。

(6) 宴饮制度

据史料记载，周人无事不宴，无日不宴。究其原因，除了统治者享乐需求之外，还有政治上的需要，即通过宴饮，强化礼乐精神，维系统治秩序。周人的宴饮频繁，但种类和规仪不尽相同。在周人的宴饮制度中，燕饮和雅乐侑食是相当重要的内容。"燕"与"宴"有区别，一般性的聚饮谓之宴，私亲旧故谓之燕。燕必举乐，而宴就不一定了。周天子举办燕饮有四种情况："诸侯无事而燕，一也；卿大夫有王事之劳，二也；卿大夫有聘而来，还，与之燕，三也；四方聘，客与之燕，四也。"(《仪礼·燕礼》)，后三种情况虽与国事有关，但君臣感情笃深，筵席气氛依然闲适随和。燕中大举雅乐，侑食之乐还在其次，主要还是为了体现"为政之美"。

在周人看来，通过雅乐可使尊卑亲疏贵贱长幼男女的对立转为调和，和谐相处。流传至今的《诗经·小雅》，其中相当多的诗篇为燕饮中的常举之乐，如《鹿鸣》《四牡》《皇皇者华》《鱼丽》《由庚》《南有嘉鱼》等都是雅乐。燕饮期间，唱这些曲目，不仅是因为礼制规定，也是因为这些曲目有表情达意的效果，在觥筹交错之中，可以达到愉快和谐、其乐融融的气氛。应该说，这是中国饮食文化特有的现象。

2. 发展阶段

从秦到唐代是中国传统食文化的发展阶段。这一阶段，中国传统食文化承上启下，创造了一系列重要的文化财富，为后来中国传统食文化迈向成熟开辟了道路。

（1）烹调工具

汉初，列鼎而食的习俗逐渐消失，人们开始在地面上用砖砌制炉灶烹饪。炉灶对火的利用更加充分合理。汉代炉灶的形式有很多，有盆式、杯式、鼎式等，魏晋南北朝时出现了烤炉，可烘烤食物。这一时期的炊具多以铁制成，铁釜和铁锅已普遍使用。至西晋时，蒸笼又得以发明和普及，蒸笼的发明使中国的面点制作技术发生了相应的变化。

（2）烹饪原料

这一阶段，由于水稻生产技术大大提高，水稻逐渐成为人们的主要粮食作物。汉代时，蔬菜已成功实现人工栽培，蔬菜品种大大增加，如苦荬菜、蘑菇、百合、莲藕等均能在菜园栽培。西汉时期，张骞出使西域，为中西物质文化交流打开了大门，苜蓿、

葱、蒜等传入中国。魏晋以后，黄瓜、芫荽、莴苣、菠菜等纷纷入种本土。此外，植物油的生产在魏晋南北朝时期也出现了。据《齐民要术》记载，胡麻、荏苏等植物的籽收集起来用于榨油。另据《三国志·魏志》记载，当时已用"麻油"（芝麻油）烹制菜肴，后有豆油、苏油。

（3）烹饪工艺

由于灶、炉等烹饪工具的相继出现，人们的烹饪工艺也随之不断提高。除传统的蒸、煮、炮、炙技术日趋成熟，熬、炸等烹饪方法也被发明并应用。在主食的烹制方面，两汉时期饼食开始出现，花样很多。从刘熙的《释名·释饮食》中可知，东汉时期已经出现了胡饼、蒸饼、汤饼、蝎饼、髓饼、金饼、索饼等。而崔寔的《四民月令》中还载有煮饼、水溲饼、酒溲饼等。可以说，如今常用的烤烙、蒸、煮、炸四种制饼法，当时均已出现。

（4）宴饮食风

西汉在"文景之治"以后，宫中常设宴饮之会，贵族举办宴会非常频繁。《汉书·叙传》记载："富平、定陵侯张放、淳于长等始爱幸，出为微行，行则同舆执辔；入侍禁中，设宴饮之会，及赵、李诸侍中皆饮满举白，谈笑大噱。"宴饮场景之盛，气氛之浓，由此可见一斑。魏晋以后，宴会大行"文酒之风"。曹操父子筑铜雀台，其中一个重要的功能就是宴享娱乐。南北朝时，宴会名目增多，目的性较强，如登基、封赏、祀天、敬祖、省亲、登高、游乐、生子、团圆等，这些都促成了宴会主题的多元化。至唐代，文人雅士举办的宴会发展到了一个新的高潮。文人雅士对宴饮场所的选择相当重视，他们理想惬意的宴饮场所多是亭台楼阁、花间

林下或者山涧清池。在宴饮过程中，他们也并非单纯地临盘大嚼，而是配合着许多充满情与趣的娱乐活动，或对弈，或听琴，或对诗赋，或行酒令。如白居易所设船宴，酒菜用油布袋装好，挂在船下水中，边游边吃边取。

3. 成熟阶段

从宋代到清末，是中国传统食文化的成熟阶段。这个阶段，随着中国社会经济的发展，中国传统食文化在各个方面都日臻完善。

（1）烹饪工具

宋元时期的烹饪工具有了很大的发展，火锅、烤炉、镣炉、地炉等新型炊具已经出现。珍藏于中国历史博物馆中的河南偃师出土的宋代烹饪画像砖，画中一位中年妇女，正在挽袖烹调。其旁边有一个镣炉，炉内火焰正旺，炉上锅水正开。镣炉通风性能很好，节柴省时，火力很猛，是当时较为先进的烹调炊具。明代以后，炊具的成品质量较之前又有了更大提高，广东、陕西所产的铁锅成为当时驰名全国的优质产品。到了清代，锅不仅种类很多，而且使用已相当普及，而烤炉也有了焖炉和明炉之分。

（2）烹饪原料

这一时期外域烹饪原料被大量地引进中国，如辣椒、番薯、番茄、南瓜、菜豆、土豆、花菜等。其中，辣椒原产于秘鲁，明代传入中国。番薯原产于美洲中南部，也是明代传入中国的。南瓜原产于中、南美洲，明末传入中国。面对这些引进的烹饪原料，中国的厨师们洋为中用，利用这些外域烹饪原料来制作适合于中国人口味的菜肴。由于烹饪原料品种和产量不断增加，人们对烹饪

原料的质量也提出了更高的要求。如白菜，至明清时，经过不断改良，已培育出多个品种和类型，南北方都能大量栽培，深受人们喜爱。

(3)烹饪工艺

自宋元始，烹饪工艺的各大环节如原料选取、预加工、烹调、产品成形已基本定型。这一时期的人们对原料的选取和加工已有了较为科学的总结。《吴氏中馈录》和《饮膳正要》记载，当时的人们对烹饪原料的选用除了要考虑原料自身的特性及各种原料间的内在关系，还要注重各种原料的配量。到了明清时期，厨师已经能科学合理地处理一般的烹饪原料，如治净牛羊猪鸡鱼肉、分档取料、用植物淀粉勾芡、涨发山珍海味干料等。明代的厨师已经普遍地掌握了吊汤技术，通过制作虾汁、蕈汁、笋汁提味。最值得一提的是制熟工艺技术在这一时期有了很大发展。宋代主要的烹调方法已经发展到30种以上，就"炒"的方法而论，已有生炒、熟炒、南炒、北炒之分。从《山家清供》的记载中可知，此时还出现了"涮"法，名菜"拨霞供"的基本方法与今天的涮羊肉无异。至明代时，制熟方法更是花样繁多。如《宋氏养生部》一书就收录了丰富的食品加工方法，其中猪肉类菜肴的制熟方法就达30多种。在调味方面，宋元时期人们已开始掌握复合味的调味方法。《饮膳正要·料物性味》中记载元代的调味品已有近30种。至清末，已出现了姜豉、五香、麻辣、蒜泥、糖醋、椒盐等味型。今天的烹饪调味工艺中大多数的味型是在这一时期定型的。

(4)宴饮食风

宋代的宴会不仅名目繁多，而且相当奢侈。倘若是皇上寿宴，

仅从事服务准备工作的就有数千人之多，场面盛况之极，难以言状。《武林旧事》记载，绍兴二十年十月，清河郡王张俊接待宋高宗及其随从，宴会从早到晚，分六个阶段进行，皇上一人所享菜点达二百余道之多。当时的餐饮市场上已有了四司六局，专门经营民间喜庆宴会。元代的宴会受蒙古族的饮食习惯影响，菜点中羊肉所占比重较大。大型宴会多用羊、奶酪、烧烤、海鲜。明代在饮食方面十分强调饮膳的时序性和节令食俗，重视南味。《明宫史》记载："先帝最喜用炙蛤蜊、炒海虾、田鸡腿及笋鸭脯。又海参、鳆鱼、鲨鱼筋、肥鸡、猪蹄筋共脍一处，名曰'三事'，恒喜用焉。"时至清代，人们的饮食消费水平又有了很大的提高。无论是官宴还是民宴，宴会都很注重等级、程序和命名。如在菜点上席的程序上，一般是酒水冷碟为先，热炒大菜为中，主食茶果为后。"头菜"则决定着宴会的档次和规格。宴会的命名方法有很多，或以数字命名的，如三套碗、十二体等；或以头菜命名的，如燕窝席、熊掌席、鱼翅席等；或以意境韵味命名的，如混元大席、蝴蝶会等；或以地方特色命名的，如洛阳水席等。

(二)中国传统食俗

食俗，是指广大民众在平时的饮食生活中形成的行为传承与风尚，它基本能反映出一个国家或民族的主要饮食品种、饮食制度以及进餐工具与方式等。

1. 日常食俗

主食是指人们日常饮食的主要食物，具有浓厚的地域特色。　165

在中国各地的日常饮食中，饮食品种和内容差异较大。如，北方盛产小麦，当地居民日常饮食以面食为主；南方盛产稻米，当地居民日常饮食则以米食为主。又如，居住在山区的民众饲养牛羊，食物中必以牛羊为主；而居住在海边的民众下海捞鱼，食物中就有丰富的各式海鲜。

餐制是从生理需要出发，为了恢复体力而形成的饮食习惯。在上古时期，人们采用的是二餐制。殷商甲骨文中有"大食""小食"之称，它们在卜辞中的具体意思分别是指一天中的朝、夕两餐，大致相当于现在所说的早、晚两餐。早餐后人们出发生产，妇女采集，男人狩猎，晚归后用晚餐，餐制适应了"日出而作，日入而息"的生产作息制度。至周代特别是东周时期，"列鼎而食"的贵族阶层一般已采用三食制。大约到了汉代，一日三餐的习惯渐渐为民间所采用。直至今日，一日三餐仍是人们日常的主流。

2. 人生礼仪食俗

一个人从出生到去世要经过许多重要的阶段，而在每个重要阶段来临时，人们都会举办相应的礼仪活动加以庆祝或纪念，宴会则是礼仪活动中不可或缺的一部分。

（1）生育饮食习俗

新生命降临人世，是一件可喜可贺的事，许多地方的庆贺仪式是办三朝酒、满月酒、百日酒等宴会。三朝酒，又称汤饼宴，是婴儿诞生的第三天举行的庆贺宴。汤饼即面条，在唐朝通常作为新生婴儿家设宴招待客人的第一道食品。至清朝，三朝酒的重要食品不再是面条，而是鸡蛋。婴儿满月时也要举行宴会，即满月

酒。满月设宴的习俗起于唐代，延续至今。婴儿满一百天时还要举行宴会，称为"百日酒"，象征和祝愿孩子长命百岁。前来祝贺的亲友要带上米面、鸡蛋、红糖及小孩衣物等礼物。

（2）婚嫁饮食习俗

婚姻在我国受到高度重视，举行结婚典礼时都要举办宴会，以饮食成礼，祝愿新人早生儿女、白头偕老。婚宴也称"吃喜酒"，是婚礼期间为前来贺喜的宾朋举办的一种隆重的宴席。古时，婚宴可以说是男女正式结婚的一种证明和标志。婚宴一般在一对新人拜堂后举行，一般分为两天，第一天为迎亲日，名为"喜酌"，赴宴者皆为三亲六戚；第二天名为"梅酌"，赴宴者皆为亲朋好友。之所以谓之"梅酌"，是因为古时婚礼，宾客来贺，须献上一杯放有青梅的酒，因此酬谢亲朋的喜酒谓之梅酒。

（3）寿庆饮食习俗

从唐代开始，古人就非常重视寿庆活动，一般都会给家里的老年人举办隆重的寿宴。寿面、寿桃是寿宴必备的食品，寄托着古人祈求健康长寿的美好愿望。置于寿案的寿面一般长一米，每束须百根以上，盘成塔形，罩以红绿镂纸拉花，作为寿礼敬献寿星。寿宴中，多以捞面代替。寿桃一般用米面粉制成，也有的用鲜桃，一般由家人置备或亲友馈赠。置于寿案时，九桃相叠为一盘，三盘并列。

（4）丧葬饮食习俗

古时民间遇丧后要讣告亲友，而亲友则须携香楮、酒肉等前往吊丧，丧家均要设筵席招待客人。各地丧席有一定的差异，如扬州丧席通常都是六样菜，包括红烧肉、红烧鸡块、红烧鱼、炒豌

豆苗、炒大粉、炒鸡蛋，称为"六大碗"。其中，肉、鸡、鱼代表猪头三牲，表示对死者的尊敬；豌豆苗、大粉、鸡蛋是希望大家安安稳稳，彼此消除隔阂，冲淡对立情绪。四川一带的"开丧席"，多用巴蜀田席"九大碗"，包括干盘菜、凉菜、炒菜、镶碗、墩子、蹄膀、烧白、鸡或鱼、汤菜。

3. 年节食俗

（1）春节食俗

春节是中华民族最悠久也最隆重的传统节日，活动内容丰富多彩，节日食品也有很多。春节期间，人们最重视的是除夕（腊月最后一天的晚上）和元旦（正月初一），其节日食品从早期的春盘、春饼、屠苏酒，到后来的年饭、年糕、饺子、汤圆等，花色多样。

（2）元宵节食俗

元宵节在正月十五，是岁首第一个圆月之夜，象征着团圆美满。元宵节的习俗主要是赏花灯和吃元宵。元宵又称汤圆、灯圆，内用核桃仁、白糖为馅，外用糯米粉搓成球，下水煮熟后，香甜可口。古时元宵节除了吃元宵，还有吃豆粥、科斗羹、蚕丝饭等习俗。

（3）清明节食俗

清明节食俗是伴随着清明祭祀活动而展开的。清明节，家家都要准备丰盛的食品前往本家祖坟上祭奠，祭祀完毕，所有上坟的人围坐在坟场附近食用各种食品。在江南水乡，尤其是江浙一带，每逢清明时节，老百姓总要做一种清明团子，用它上坟祭祖、馈送亲友或留下自己吃。

（4）端午节食俗

端午节吃粽子是最具有代表性的年节食俗。粽子，古时又称"角黍"。魏晋《风土记》载："仲夏端午，烹鹜角黍"，"进筒粽，一名角黍，一名粽"。制粽子之法，古代初用菰叶裹粘黍，以沌浓灰汁煮成，后多用箬（竹的一种，其叶宽大，至秋季，叶的边缘变成白色）叶裹米，经煮或蒸而成。当今的粽子，其形状、馅料多种多样。北方以北京的江米小枣粽子为佳；南方则以苏杭一带的豆沙、火腿粽子闻名。

（5）中秋节食俗

从唐代开始，中秋节就有阖家祭月、分食月饼的习俗，以示对团圆的喜悦和对美好生活的向往。月饼通常是用水油面团或酥油面团做皮，内包枣泥、椰蓉、五仁、豆沙、松仁、火腿等馅心，压制成扁圆形生胚，再烘烤制熟。

文以载道

经典选读

论语·乡党(节选)

食不厌精，脍不厌细①。

食饐而餲②，鱼馁而肉败③，不食。色恶，不食。臭恶，不食。失饪，不食。不时，不食。割不正，不食。不得其酱，不食。

肉虽多，不使胜食气。惟酒无量，不及乱。

沽酒市脯不食。

不撤姜食，不多食。

祭于公，不宿肉④，祭肉不出三日。出三日，不食之矣。

食不语，寝不言。

虽疏食菜羹，必祭⑤，必齐如也。

席不正⑥，不坐。

【注释】

①脍：切细的鱼、肉。

②饐(yì)、餲(ài)：都指食物经久而腐臭。

③馁：鱼腐烂，这里指鱼不新鲜。

④不宿肉：不使肉过夜。

⑤必：一本作"瓜"。祭：古人在吃饭前，把席上各种食品分出少许，放在食具之间祭祖。

⑥席：古代没有椅子和桌子，都坐在铺于地面的席子上。

【译文】

米不嫌舂得精，鱼和肉不嫌切得细。饭放久了变味了，鱼和肉腐烂了，都不吃。食物的颜色不正，不吃。气味难闻，不吃。烹调不当，不吃。不时新的东西，不吃。肉切得不方正，不吃。佐料放得不适当，不吃。肉虽然多，但不吃过量。只有饮酒不限量，但不喝醉了。从集市上买来的酒和肉干不吃。每餐要有姜，但也不多吃。

参加祭祀典礼，不能把肉留到第二天。祭祀祖先的肉不超过三天。如果超过三天，就不吃了。

吃饭时不交谈，睡觉时不说话。

吃的虽然是粗茶淡饭和菜汤，但也一定要先祭祀祖先，并且一定恭恭敬敬和正式斋戒一样。

席放得不端正，不坐。

【评析】

本文节选自《论语·乡党》。孔子对食物加工提出了"精"和"细"的具体要求；对食物卫生提出了"八不食"的判断标准；对饮食习惯提出了讲究时、节、度的原则；对饮食礼仪提出了"食不语""席不正"等礼制。孔子的饮食主张不仅在春秋战国时期有着重要的影响，对现代社会也有着深远的意义。

孟子·滕文公下（节选）

彭更问曰①："后车数十乘，从者数百人，以传食于诸侯，不以泰乎②?"

孟子曰："非其道，则一箪食不可受于人；如其道，则舜受尧之天下不以为泰，子以为泰乎?"

曰："否。士无事而食，不可也。"

曰："子不通功易事，以羡补不足③，则农有余粟，女有余布；子如通之，则梓匠轮舆皆得食于子④。于此有人焉，入则孝，出则悌，守先王之道，以待后之学者，而不得食于子，子何尊梓匠轮舆而轻为仁义者哉?"

曰："梓匠轮舆，其志将以求食也；君子之为道也，其志亦将以求食与?"

曰："子何以其志为哉？其有功于子，可食而食之矣。且子食志乎？食功乎?"

曰："食志。"

曰："有人于此，毁瓦画墁⑤，其志将以求食也，则子食之乎?"

曰："否。"

曰："然则子非食志也，食功也。"

【注释】

①彭更：孟子弟子。

173

②传(zhuàn)食：转食。泰：过分，过甚。

③通功易事：各个不同的职业互通有无。羡：剩余。

④梓匠：即梓人、匠人，指木工。轮：轮人，制车轮的人。舆：舆人，制车厢的人。

⑤墁(màn)：墙壁上的涂饰。

【译文】

彭更问孟子道："跟随其后的车子有几十辆，跟从其后的人有几百人，从这个诸侯国吃到那个诸侯国，这是不是太过分了？"

孟子说："如果不符合原则，那就一筐饭也不从别人那里接受；如果符合原则，那么，舜接受尧的天下也不以为过分——你认为过分吗？"

彭更说："不。但士人不干活而吃白食，是不可以的。"

孟子说："你如果不让各种行当互通有无，交换成果，用多余的来补充不足的，农民就有多余的粮食，妇女就有多余的布帛；你如果让他们互通有无，那么，木匠和车工就都可以从你那里得到吃的。有这样一个人，在家就孝敬父母，在外就尊敬长辈，严守着古代圣王的道义，以扶持将来的读书人发扬光大，却不能从你那里得到吃的，你为什么看重各类工匠、车工而轻视遵行仁义的人呢？"

彭更说："工匠和车工，他们的动机就是谋饭吃；君子为实行道义而做的事情，他们的动机也是谋饭吃吗？"

孟子说："你为什么要论动机呢？如果他们对你有功劳，你可以给吃的就给他们吃的好了。而且你是为了报答动机给人饭吃，还是为了报答功劳给人饭吃呢？"

彭更说:"报答动机。"

孟子说:"这里有个匠人,毁坏屋瓦,在新刷的墙上乱画,他的动机也是谋饭吃,那你给他饭吃吗?"

彭更说:"不给。"

孟子说:"那么,你就不是根据动机,而是根据所做事的功劳给饭吃的了。"

【评析】

本文节选自《孟子·滕文公下》。孟子的弟子彭更认为,孟子带着几百个弟子,周游列国,走到哪里,就要当地的诸侯招待他们师徒,这样做太过分了。但孟子认为,只要得之有道,并不过分。他用归谬法一步步证明自己的观点的正确性。本文生动阐释了孟子倡导的食志、食功、食德的饮食思想。食志,即人们用自己有益于别人的劳动去获取生存必备的饮食是理所当然的事。食功,即人们用等价或等量的劳动成果来获得生存必备饮食的过程。食德,即饮食时要注意礼仪和礼节。

美德故事

孔子的饮食之道

　　孔子是伟大的教育家、思想家，同时他对美食也非常有研究。但是，他的"美食"跟我们定义下的美食不一样。他的"美食"不仅不丰盛，甚至有些寒酸，但孔老夫子就是从他的这些"美食"中看到了美、发现了善，体悟出了人生的大道。

　　《论语》中有这样的记载："虽疏食菜羹，瓜祭，必齐如也。"这句话的意思是说，孔子即使吃的是粗茶淡饭，但是每次吃饭前必须先祭祀，祭祀时孔子的容貌非常严肃恭敬。那么，孔子遇到丰

盛的食物会怎么样呢？史书有记载："有盛馔，必变色而作。"意思是说孔子只要看到丰盛的食物，必定面色变得特别庄重，形态也变得十分恭敬，对主人准备的丰盛饭菜表示诚挚的感谢。孔子这样做，既是对他人的尊重，也是对美食的敬畏。

不仅如此，孔子在进餐和就寝的时候都能保持恭敬的态度，一心一意吃饭、睡觉，不说话。可谓是"食不语，寝不言"。孔子认为，天地赋予我们生命，一定要好好珍惜，对上天赐予我们的赖以生存的食物，怎么能不心怀感恩与敬畏呢？

孔子对正在服丧的人也特别恭敬，如果在吃饭的时候遇到服丧的人，他一定不吃饱，来表达自己对服丧者的哀怜与同情。

有一个叫宰我的学生，曾和孔子讨论过服丧时间的问题。古人规定，父母去世，子女要停止一切工作，为父母服丧守孝三年，以缅怀父母的养育之恩。宰我认为，为父母守丧三年，时间太长了。宰我的理由是：服丧期间杜绝一切礼仪和歌舞音乐，他认为，君子三年不举行礼仪，礼仪一定会荒废；三年不演奏音乐，音乐一定会散乱；守丧不需要三年，一年就可以了。听了他的话，孔子说："父母将子女生下来，推干就湿，一粥一饭，经过三年的精心照料，孩子才能独立生活。父母去世后守丧三年，意在回报父母三年日夜相继的养育之恩。如果守丧未满三年，就吃白米饭，穿锦缎衣，作为子女，你安不安心呢？"一向比较实在的宰我回答说："我心安。"听到宰我这样的回答，孔子很失望地说道："宰我真是个不仁不义的人啊！儿女被父母养育三年才能脱离怀抱，为父母服孝三年正是报答父母的养育之恩呐，难道你没有在父母的怀抱三年吗？父母去世，为人子必定有大悲痛。在大悲痛的心情里，哪

里还有心思过着锦衣玉食的生活呢?"

从孔子的言行中,可以看出他对生命的无比珍惜和敬重,对天地万物的深深感恩,哪怕是对一粥一饭都充满恭敬。

吃饭是关乎民生的一件大事。历来的大贤大德,无不高度关注饮食问题。孔子非常尊崇大禹,《论语》中有这样的记载:"恶衣食,致孝乎鬼神。"意思是说自己不管吃得有多差,但祭祀的食物一定要很丰盛。

孔子经常教育他的学生们说:"君子谋道不谋食。耕也,馁在其中矣;学也,禄在其中矣。君子忧道不忧贫。"意思是说:君子只谋求好的大道而不谋求食物,种地的人也常常挨饿,好好做学问的人往往能获得财富。君子不担心自己是否贫穷,只担心大道能不能实现。君子着眼于天下大众,不顾及自己的饭碗。由最简单的吃饭这件平常事,上升到国家社会层面,竭尽全力让社会长治久安才是君子的职责。

借饮食寓人生

相传，庄子和卜季是很要好的朋友，他们都是当时有博学奇才之人。但不同的是，庄子淡泊名利，卜季却做了国相。庄子认为，清高的人应放弃对富贵权势的追逐，不应该持权贵之欲，贪红尘之染。于是庄子想劝说卜季放弃国相官职，和他一起逍遥自由地游览世间。

卜季知道庄子要来说服他时，感到很不安。他认为庄子有着比自己更高的才华，有更明确的治国策略，此次前来有夺自己国相之位的嫌疑，于是就下命令捉拿庄子。庄子躲开了追击，来到了卜季面前。此时卜季衣着华贵，庄子则穿着一身破旧的粗布衣

服。庄子说要讲一个故事给卜季听。他说："世上有一种最高洁的圣鹤，只在梧桐树上歇脚，只以梧桐叶为食，它的高洁和清雅是其他鸟类不能相比的。圣鹤每年都从西北的天山飞往东海的沿岸。一次，当它经过一片草原时，地上有一只猫头鹰正在啄食一只生满蛆虫的死老鼠，吃得津津有味。这时圣鹤经过猫头鹰的头顶，猫头鹰紧抓着死老鼠抬头叫道：'谁敢抢我的死老鼠?'"庄子是在嘲讽卜季的国相职位是猫头鹰口中的死老鼠。之后庄子厉声问道："卜季，你怀疑我会夺你的国相职位吗?"卜季惭愧地低下了头。

彤弓①

彤弓弨兮，受言藏之。

我有嘉宾，中心贶之。

钟鼓既设，一朝飨之。

彤弓弨兮，受言载之。

我有嘉宾，中心喜之。

钟鼓既设，一朝右之。

彤弓弨兮，受言櫜之。

我有嘉宾，中心好之。

钟鼓既设，一朝酬之。

---

① 出自《诗经·小雅》。

The Red Bow

Receive the red bow unbent.

And have it stored.

It's a gift I present to guest adored.

Drums beat and bells ring soon.

Let's feast till noon.

Receive the red bow unbent.

Fitt'd on its frame.

It's a gift I present to guest of fame.

Drums beat and bells ring soon.

Let's drink till noon.

Receive the red bow unbent.

Placed in its case.

It's a gift I present to guest with grace.

Drums beat and bells ring soon.

Let's eat till noon.

对饮食①

对饮食，勿拣择。

食适可，勿过则。

年方少，勿饮酒。

饮酒醉，最为丑。

With Food and Drink

With food and drink,

Do not be picky.

Eat just enough;

Do not eat excessively.

While still young,

Do not drink alcohol.

Being drunk,

Is the most ugly.

---

① 出自《弟子规》。

将进酒

李白

君不见，黄河之水天上来，奔流到海不复回！

君不见，高堂明镜悲白发，朝如青丝暮成雪！

人生得意须尽欢，莫使金樽空对月。

天生我材必有用，千金散尽还复来。

烹羊宰牛且为乐，会须一饮三百杯。

岑夫子，丹丘生，将进酒，杯莫停。

与君歌一曲，请君为我倾耳听。

钟鼓馔玉不足贵，但愿长醉不复醒。

古来圣贤皆寂寞，惟有饮者留其名。

陈王昔时宴平乐，斗酒十千恣欢谑。

主人何为言少钱？径须沽取对君酌。

五花马，千金裘，

呼儿将出换美酒，与尔同销万古愁。

Invitation to Wine

Li Bai

Do you not see the Yellow River come from the sky,

Rushing into the sea and ne'er come back?

Do you not see the mirrors bright in chambers high,

Grieve o'er the snow-white hair though once silk-black?

When hopes are won, O drink your fill in high delight,

And never leave your wine-cup empty in moonlight!

Heaven has made us talents, we're not made in vain.

A thousand gold coins spent, more will turn up again.

Kill a cow, cook a sheep and let us merry be,

And drink three hundred cupfuls of wine in high glee!

Dear friends of mine,

Cheer up, cheer up! I invite you to wine.

Do not put down your cup!

I will sing you a song, please hear,

O hear! Lend me a willing ear!

Do not care for bells and drums, rare dishes you take!

I only want to get drunk and never to wake.

How many great men were forgotten through the ages?

But great drinkers are more famous than sober sages.

The prince of Poets feast'd in his palace at will,

Drank wine at ten thousand a cask and laughed his fill.

Why should a host complain of money he is short?

To drink with you I will sell things of any sort.

My fur coat worth a thousand coins of gold

And my flower-dappled horse may be sold

To buy good wine that we may drown the woe age-old.

参考文献

[1]张岱年，方克立. 中国文化概论[M]. 北京：北京师范大学出版社，2004.

[2]常建华. 岁时节日里的中国[M]. 北京：中华书局，2006.

[3]骆文伟. 中国文化概论[M]. 北京：清华大学出版社，2019.

[4]路伟. 中国传统文化[M]. 桂林：广西师范大学出版社，2016.

[5]龚鹏程. 中国传统文化十五讲[M]. 北京：北京大学出版社，2006.

[6]孟子. 孟子[M]. 牧语，译注. 南昌：江西人民出版社，2017.

[7]庄子. 庄子[M]. 曹芳，编译. 沈阳：万卷出版公司，2020.

[8]孔子，等. 诗经[M]. 杨允，编译. 沈阳：万卷出版公司，2020.

[9]孔子. 诗经[M]. 黎波，译注. 长春：吉林美术出版社，2016.

[10]大学·中庸[M]. 钱逊，译注. 北京：中华书局，2018.

[11]曹喆. 汉服[M]. 北京：中华书局，2022.

[12]张岂之. 中华传统文化的核心理念[M]. 南京：江苏人民出版社，2016.

[13]孔子. 论语[M]. 陈典，译注. 南昌：江西人民出版社，2016.

[14]李世化. 饮食文化十三讲[M]. 北京：当代世界出版社，2018.

[15]李红丽. 中国传统文化导读[M]. 上海：上海交通大学出版社，2017.

[16]许渊冲译唐诗三百首[M]. 许渊冲，译注. 北京：中译出版社，2021.

[17]许渊冲. 许渊冲译诗经[M]. 北京：中译出版社，2021.

[18]许渊冲译宋词三百首[M]. 许渊冲，译注. 北京：中译出版社，2021.

[19]《中华思想文化术语》编委会. 中国传统文化关键词：汉英对照[M].
北京：外语教学与研究出版社，2019.

[20]吕氏春秋[M]. 陆玖，译注. 北京：中华书局，2011.

[21]王力. 古代文化常识[M]. 北京：中华书局，2020.

[22]马健鹰，嵇娟娟. 烹饪学概论[M]. 北京：中国纺织出版社有限公司，
2020.

[23]何宏. 中外饮食文化[M]. 北京：北京大学出版社，2016.

[24]贺璋瑢，王海云. 中华传统礼仪[M]. 北京：中国人民大学出版社，
2016.

[25]高奇. 传统文化与治国理政[M]. 北京：中华书局，2018.

[26]苟天林. 中医药与中华文明简述[M]. 北京：中国中医药出版社，
2019.

[27]张晓华. 中国传统节日的内在价值及意义[J]. 前进论坛，2005(1)：
15-16.

[28]佘双好. 以文化人与社会主义核心价值观践行培育的方法研究[J]. 思
想教育研究，2015(12)：17-19+23.

[29]牛冠恒. 建设具有时代特征的孝老爱亲文化[J]. 社会治理，2020
(11)：77-80.

[30]王玉德. 论习近平的孝老爱亲思想[J]. 湖北工程学院学报，2018，38(2)：
5-9.

[31]谢美英. 论中国传统"扶危济困"思想的时代价值：以汶川地区抗震救灾志愿者行为为例[J]. 牡丹江师范学院学报(哲学社会科学版)，2010(3)：128-129.

[32]肖琴. 论中国传统节日文化的传承与创新[J]. 船山学刊，2009(1)：107-110.

[33]楼宇烈. 中华优秀传统文化的核心思想[J]. 人民教育，2020(Z3)：51-53.

[34]周颜玲. 我国主流意识形态建设视域下传承弘扬中华优秀传统文化研究[D]. 济南：山东大学，2019.

[35]匡雅楠. 中国传统节日文化的价值及其弘扬[D]. 宁波：宁波大学，2012.

[36]秦冰馥. 中华优秀传统文化融入高校思想政治教育研究[D]. 长春：东北师范大学，2021.

图书在版编目(CIP)数据

中华优秀传统文化概论／陈斌蓉，贾建红，舒锦蓉
主编. —长沙：中南大学出版社，2023.8(2025.1 重印)
ISBN 978-7-5487-5527-2

Ⅰ. ①中… Ⅱ. ①陈… ②贾… ③舒… Ⅲ. ①中华文
化—概论 Ⅳ. ①K203

中国国家版本馆 CIP 数据核字(2023)第 164023 号

中华优秀传统文化概论
ZHONGHUA YOUXIU CHUANTONG WENHUA GAILUN

陈斌蓉　贾建红　舒锦蓉　主编

□出 版 人	林绵优	
□责任编辑	汪采知	
□责任印制	李月腾	
□出版发行	中南大学出版社	
	社址：长沙市麓山南路	邮编：410083
	发行科电话：0731-88876770	传真：0731-88710482
□印　　装	湖南省众鑫印务有限公司	

□开　　本	710 mm×1000 mm 1/16	□印张 12.75	□字数 145 千字
□版　　次	2023 年 8 月第 1 版	□印次 2025 年 1 月第 3 次印刷
□书　　号	ISBN 978-7-5487-5527-2	
□定　　价	42.00 元	